자신을 깨닫게 하는 책
그대 자신을 아십시오

A Practical Guide to Know Yourself
Conversations with Sri Ramana Maharshi

Compiled and Edited by A. R. Natarajan,
Ramana Maharshi Center For Learning,
40/41, 2nd Cross Road, Lower Palace Orchards
Bangalore-560 003, India
(Fourth Edition, 1995)

Copyright © Ramana Maharshi Center For Learning
Korean translation copyright © 2005, Sri Krishnadass Ashram
Published under agreement with Ramana Maharshi Center For Learning.

이 책의 한국어판 저작권은 Ramana Maharshi For Learning과의 계약에 의해
슈리 크리슈나다스 아쉬람에 있습니다. 저작권법에 의해 보호받는 저작물이므로
무단 전재와 복제를 금합니다.

라마나 01

자신을 깨닫게 하는 책

그대 자신을 아십시오

A.R. 나따라잔 해설 및 편집 | 김병채 옮김

슈리 크리슈나다스 아쉬람

그대 자신을 아십시오

❦

　라마나 마하리쉬의 신성한 말들은 우빠니샤드처럼 독창적이고 독립적이며, 자신의 직접적인 경험에 바탕을 두고 있다. 그의 메시지는 모두를 위한 것이다. 대답이 주어지지 않은 영적인 길에 관하여는 의문의 여지가 없다. 라마나는 철학적 사유와 수행법 가운데 가치 있는 모든 것을 풍성하게 하고 명확하게 했으며, 또한 참나 지식으로 가는 곧고 확실한 길을 전해 주었다. 라마나의 길은 자기 탐구 즉 비짜라^{vichara}의 길이다. 그는 영적 가슴의 과학이라는 등불을 밝혔으며, 그래서 그것을 이용할 수 있도록 해 주었다. 일반적으로 철학적 사유는 신, 참나, 미지의 것 등에 관심을 갖지만 라마나의 관심은 온통 개인에게 초점이 맞추어져있다.

　우리는 '나'를 잘 안다고 생각하지만, 올바르게 자기 탐구를 해

보면 우리가 당연하게 여기던 것들과 가정들이 타당하지 않다는 것을 알게 될 것이다. 왜냐하면 그럴 때 우리는 마음이라는 것의 성질, 마음과 영적 가슴과의 관계, '나'의 진정한 의미, 그리고 우리가 당연시하듯이 과연 '나'라는 것이 몸에 한정되는 것인지 등의 질문을 정면으로 조사하고 있을 것이기 때문이다.

이 책은 독자들에게 필요한 내용을 중심으로 라마나 마하리쉬와 여러 구도자들 간의 대화 중에서 필요한 내용을 선별하고 정리했으며 짧은 해설을 덧붙였다. 이 책의 목적은 참나 지식으로 가는 독자들의 여정에 실제적인 안내서로서 이바지하는 것이다. 자기를 알 때 우리 본래의, 그러나 감추어져 있는 참된 행복이 활짝 열릴 것이다.

라마나 마하리쉬

감사의 말

~~~

    슈리 라마나스라맘의 슈리 벤까따라만 총재께서는 슈리 라마나스라맘에서 발행한 여러 간행물들의 자료들을 사용할 수 있도록 허가해 주셨다. 사라다 박사는 많은 건설적인 제안들을 해 주셨고 세심하게 교정을 봐 주셨다. 고빨라크리슈나 씨도 꼼꼼하게 교정을 봐 주셨다. 슈리 수브라만암 씨는 용어 해설, 참고 문헌 목록, 색인을 끈기 있게 작성해 주셨다. 슈리 무랄리다라 헤지 씨는 책 전체를 디자인해 주셨고, 슈리 세샤드리 씨는 원고를 깔끔하게 타이핑해 주셨다. 비슈와스 출력소는 필름을 출력해 주었으며, 모던 프로세스 프린터스는 이 책을 인쇄해 주었다.

    이 모든 분들께 깊이 감사드린다.

<div align="right">

1991년 12월 25일 크리스마스에
나따라잔 회장
라마나 마하리쉬 방갈로르학습 센터

</div>

머리말

우리가 아는 것은 활동, 관계, 그리고 생각에의 집착이다. 우리는 혼자 남겨지고 할 일이 아무것도 없을 때 지루하고, 쓸모없고, 자리를 잃어버렸다고 느낀다. 아무 생각이 없을 때면 몹시 두려워지지 않는가? 생각을 하는 것이 우리에게는 당연하게 느껴진다.

우리는 쓸모없는 생각이라는 무거운 짐을 지고 다닌다. 그 생각들이 쓸모없는 까닭은 우리의 일상생활과 본질적으로는 관계가 없기 때문이다. 또한 상처와 실패들이 담겨 있는 과거라는 짐도 있다. 우리는 '기억의 재들'에 대해 계속 생각함으로써 과거의 경험을 현재로 가져온다. 현실 도피적인 생각들, 현재의 실재를 벗어나 부유하는 그런 생각들이 마음의 세계를 차지하고 있다. 생각들로 붐비는 마음은 마치 장날을 맞은 시골 장터나 기차들이 연착하는 시골 기차역 플랫폼과 같다.

여기에는 자유롭게 움직일 수 있는 여지가 전혀 없다. 이처럼 소란스러운 마음의 질식할 듯한 분위기에서 자유롭고 싶지 않은

가? 대답은 '예'와 '아니오'일 것이다. 원치 않는 생각들에 대해서는 '예'라고 답할 것이며, 즐겁고 행복한 기억 혹은 장밋빛 미래라고 여기는 생각들에 대해서는 '아니오'라고 답할 것이다.

받아들이건 받아들이지 않건 간에 우리는 생각들로부터 완전히 자유로워지기를 원하지 않는다. 만일 불쾌한 생각을 떨쳐 버릴 수 없다면, 우리는 껴안고 싶고 소중히 간직하고 싶은 기억을 잃느니 차라리 그 불쾌한 생각들과도 더불어 살아가기를 택할 것이다. 만일 우리에게 생각이 없어진다면 무슨 일이 일어날까 하는 두려움은 강하다. 그러나 이러한 두려움의 실체를 과장할 필요는 없다.

샷구루 라마나가 내면으로 들어가 마음이 완전히 고요한 상태, 기쁨이 넘쳐흐르는 상태를 직접 경험한 곳은 정확히 이곳이다. 라마나가 말하고자 하는 것, 그가 가르치고자 하는 것의 가장 좋은 예는 바로 그의 삶 자체에 나타나 있다.

그의 삶은 우리로 하여금 충분한 자신감과 믿음을 주어 그를 본보기로 삼아서 시도해 볼 수 있게 한다. 우리 역시 지극한 행복을 누릴 수 있다는 희망이 이러한 모험의 시발점이다. 이것이 모험인 이유는, 만일 우리에게 용기 있는 정신, 찾고야 말겠다는 결단력과 강한 의지가 없다면, 우리는 틀에 박힌 낡은 삶에서 결코 빠져나올 수 없기 때문이다. 또한 새로운 삶의 방식과, 순간순간을 아름답게 만들어 줄 것들에 대한 새로운 접근법도 찾을 수 없을 것이다. 현재에 사는 법을 배우지 않는다면 급격한 변형은 일어날 수 없다. 모든 경험은 현재에 존재하기 때문이다. 이를 위해서는 생각으로부터 자유로울 수 있는 능력, 과거와 미래로 이동하는 마음의 움직임을 잘라 버릴 수 있는 힘이 필요하다.

우리는 라마나에게서 현재를 살아가는 기술을 배운다. 그는 우리가 그렇게 할 수 있다고 계속해서 얘기한다. 왜냐하면 우리의 자연스러운 상태는 침묵이기 때문이다. 생각은 필요할 때에는 표면에 있지만, 그 아래 깊은 곳에는 거대한 침묵이 있으며, 어떤 생각에도 흔들리지 않는 드넓은 공간이 있다.

자연스러운 상태라는 말에는 우리 자신의 상태라는 뜻도 포함되어 있다. 그것은 누군가가 준 것이 아니며, 그러므로 그 누구도 빼앗아 갈 수 없다. 그렇다면 대체 무엇 때문에 우리가 그것을 인식하지 못하고 있는가 하는 질문이 일어날 것이다. 그 까닭은 우리가 진정한 자신을 모르고 있기 때문이다. 그러므로 해결책은 참나 지식을 갖는 것, 자신에 대한 진리를 발견하는 것이다. 자기 자신을 아는 것이 유일하게 해야 할 일이다.

아무리 지식이 많고 방대하더라도 그것들은 대상에 관한 것, 우주에 관한 것이다. 반대로 그는 주체, 보는 자, 즉 보이는 온 세상이 의존하고 있는 존재에 대해서는 아무것도 모른다. 그래서 라마나는 자기를 아는 것이 가장 중요하며, 행복의 열쇠는 거기에 있다고 강조한다. 왜 그런가? 그것은 자신의 자연스러운 상태를 발견하게 해 주기 때문이다.

우리는 지금 생각하는 것을 가장 중요하게 여기는 습관에 빠져 있다고 말할 수 있을 것이다. 행복이 대상 속에 있는 것으로 여기며, 행위나 생각 없이 사는 것을 두려워한다. 그래서 결국 편안히 쉬지 못한다. 반대로 자연스러운 상태에서 마음은 완전히 고요하고 생각에서 자유롭지만 지극히 예리하다. 생각과 사고는 순수하게 기능할 것이다. 생각의 찌꺼기가 남아 있지 않을 것이며 계속 지니지도 않을 것이다. 행복은 내면에 본래 있는 것으로 지각될 것이다. 그리하여 결국 평화 속에, 행위가 방해하지 못하는 평화 속에 깊이 잠길 것이다.

참나를 알기 위해서는 주체인 '나'를 탐구하고 '나'에 관심을 기울임으로써 시작해야 한다. 그것은 현재 관심을 집중하고 있는 대상들로부터 관심을 거둬들여 자신에게 관심을 돌리는 것을 의미한다.

대상에서 주체로 관심을 바꾸는 것이 어떤 의미인지 알아보기 전에 우선 우리가 주체를 과연 무엇이라고 보는지부터 살펴볼 필요가 있다. 그런 다음 만약 우리의 가정들에 어떤 오류가 있다면 그 점에 대해 더 깊이 탐구할 수 있을 것이다.

우리는 자신을 특정한 이름 혹은 모습으로 여기거나 아니면 마음을 자기 자신으로 믿는다. 혹자는 이러한 생각에 무슨 잘못이 있느냐며 의아해 할 것이다.

일상적인 존재의 세 가지 상태, 즉 깨어 있음, 꿈, 잠이라는 상태를 살펴보자. 깨어 있는 상태만 보면, 우리의 가정이 맞는 것처럼 보일 수 있다. 하지만 꿈과 잠의 상태는 어떤가? 꿈꾸는 상태의 경우, 간혹 자신의 정체성이 깨어 있을 때와 똑같은 채로 있을 수 있지만 그와는 다를 수 있으며 다를 때가 많다. 부유하고 강력한 소마닷따 왕이라도 꿈에서는 남루한 옷을 입고 하루하루 끼니를 걱정하는 거지인 뿐니아가 될 수도 있는 것이다. 꿈을 꾸고 있는 사람은 깨어 있는 상태의 사람이 아니다. 왜냐하면 정체성이 다르기 때문이다. 깊은 잠을 자는 상태에서는 깨어 있는 상태의 '나'가 없다. 이 상태에서는 특정한 정체성이 없기 때문에 대답해 줄 샹까라나 슈리 데비가 없다. 진정 우리는 일상적인 존재의 두 가지 상태, 즉 꿈과 깊은 잠의 상태에서는 우리 자신이 아닌 그것일 수 있는가?

깊은 잠을 잘 때는 개별성이라는 느낌이 없다는 점 역시, 우리가 가정하는 개별성 이상의 어떤 무엇이 우리에게 있다는 의심을 확인해 줄 것이다. 우리는 오고 가는 것일 수 없기 때문이다. 의식에는 중지라는 것이 있을 수 없다.

이 문제는 다른 관점으로도 볼 수 있다. 자신이 몸이나 마음이라는 생각 뒤에는 몸과 마음이 스스로 의식할 수 있다는 가정이 있다. 먼저 몸을 보자. 몸이 죽을 때의 상태를 살펴보자. 그 몸은 완벽하게 건강할 수 있고 아직 젊을 수도 있다. 하지만 생명력이 몸을 떠나자마자 그 몸은 시체라고 불린다. 그렇지 않으면 화장되거나 매장하기 위해 시체를 운반할 때 몸이 일어나서 항의할 것이라고 라마나는 말한다.

이 문제에 관한 라마나의 성찰은 자신의 아버지가 사망했을 때인 12살에 시작되었다. 아버지의 몸은 자는 것처럼 보였으나 차이가 있었다. 그래서 그는 아버지의 '나'가 육체를 떠났다고 생각했다. 몸에 대한 의식이 없는 잠이라는 일상적인 경험에 대해서는 이미 언급했다. 라마나는 이 상태에 있는 몸은 죽은 것으로 간주되겠지만 신의 계획으로 호흡이 멈추지 않고 계속되는 것이라고 말하곤 했다.

　우리 자신을 마음으로 보는 데에는 어떤 잘못이 있는가? 우리의 존재감은 생각과 관련이 있다. 우리에게 살아 있다는 느낌, 생명이 있다는 느낌을 주는 것은 바로 생각이다. 여기에서의 오류는, 만일 "마음이 무엇인가?"라고 묻는다면 마음이라는 독립적인 실체는 없다는 것을 알게 된다는 점이다.

　라마나는 다음과 같은 말들로 이점을 납득시킬 것이다. "마음을 보여주십시오. 그러면 내가 그것을 없애 주겠습니다.", "마음이라는 것이 있습니까? 만일 있다면 어떤 모양으로 생겼습니까? 콧수염이나 턱수염이 있습니까?" 왜 이런 말들을 하는가? 왜냐하면 우리가 마음이라고 부르는 것은 실체가 없는 것이기 때문이다. 마음이라는 것은 "나는 이러저러한 존재다."라는 중심 생각과 함께 하는 생각들의 집합체이다. 어느 주어진 때의 마음이라는 것은 언제나 이러한 핵심 생각과 그리고 관심이 모아진 관련된 생각들이다. 그래서 마음은 계속 변하는 것이다. 그러나 우리는 실체가 없거나 쉴 새 없이 변하는 것일 수가 없다.

　만약 우리가 몸도 아니고 마음도 아니라면, 도대체 무엇이 진정한 우리 자신인가? 어떻게 그것을 알아낼 수 있을까? 라마나의 길에서 모든 것을 여는 열쇠는 영적 가슴 안에서 발견될 수 있다.

　이 가슴은 신체적 기관인 심장과는 다른 것이다. 그것은 의식의 자리이며 마음의 근원이다. 몸과 마음을 움직이는 근원적인 에너지의 원천이다. 이 에너지는 나디^{nadi}라는 통로를 통하여 영적 가슴에서 마음으로, 다시 마음에서 육체의 다른 부분들로 전달된다.

그것만이 스스로 빛을 발한다. 마음과 몸은 의식의 그 빛을 반사하고 있을 뿐이다. "발전기가 모든 가전제품에 원동력을 공급하듯이 이 근원적인 힘은 심장을 뛰게 하고 호흡을 하게하며 다른 모든 일을 할 수 있도록 에너지를 공급합니다." 영적 중심으로서의 가슴의 중요성에 대해서는 다음에 자세히 다룰 것이다.

잠에서 깨어날 때 마음은 가슴에서 일어났다가, 깊이 잠들 때 다시 가슴 속으로 가라앉는다. 마음은 가슴에서 나오는 것이므로 본래 순수하다. 그것은 의식의 바다 안의 물결과 같다. 하지만 잠재되어 있던 경향성이 드러날 때, 마음은 휴식하지 못하고 부득이 바깥을 향하게 된다. 이것이 잠에서 깨어날 때에 일어나는 일이다.

그런 다음 순수한 마음은 먼저 자기 자신을 특정한 몸과 이름과 동일시함으로써 자신을 한정하고, 대상들과 접촉함으로써 더럽혀진다. 이해를 돕기 위해 다음과 같이 표현할 수도 있다. 즉 마음은 의식의 내용을 나타내는 순수한 '나'[am]와, 종속적이며 한정하는 '무엇'[so and so]이라는 두 부분으로 이루어져 있다고 할 수 있다.

마음의 의식의 내용을 강조하는 것이 중요한 이유는 마음이 영적 가슴으로 돌아가도록 다리를 놓아 주는 것이 바로 이것이기 때문이다. 지금 우리의 관심은 거의 전적으로 중요하지 않은 부분, 즉 분리된 개별성의 느낌과 그로부터 일어나는 다른 생각들에 쏠려 있다. 우리에게 필요한 것은 적절한 방법을 통해 이러한 관심을 '나'[am]로 전환시키는 것이다.

주목해야 할 마음의 또 다른 중요한 측면은, 마음이 생각으로 이루어져 있지만 정말로 중요한 것은 오직 "나는 이런 저런 사람이다."라는 첫 생각이라는 것이다. 개인의 관심 없이는 다른 생각들이 마음의 지평선 위로 떠오를 수 없으며, 그러한 관심이 사라지면 이런 생각들도 사라진다. 또한 생각들 사이에는 상호 관련성이 없지만, 생각하는 자 즉 개인은 "모든 생각들은 평등하게 그리고 본질적으로 연결되어 있다."고 생각한다. 그러므로 마음과 씨름할 때, 마음을 다스리고자 할 때는 이 핵심 생각에 관심을 기울여야한다. 수없이 다양한 모든 다른 생각들은 다 하찮은 것들이다.

라마나에 따르면, 마음을 다스리는 데 가장 효과적인 방법은 "나는 누구인가?"라고 질문함으로써 우리가 자신이라고 믿고 있는 것이 과연 타당한지 부단히 탐구하는 것이다. 비록 이 물음이 질문의 형식을 빌렸지만, 여기에 "나는 이 몸이 아니다."라는 식의 부정이든 "나는 참나다."라는 식의 긍정이든 어떤 대답도 하려 하면 안 된다. 왜냐하면 그것들은 마음의 틀 속에 있는 개념들에 불과하기 때문이다. 이러한 의심이 항상 가득 차 있게 되면, 참된 대답은 내면에서, 존재의 심연에서 발견될 것이다.

라마나가 제시한 또 하나의 방법은 "나는 어디에서 나오는가?"라는 질문을 던지는 것이다. 개체성은 깨어 있을 때 왔다가 깊이 잠들면 가 버린다. 그러므로 마음의 근원을 탐구해야 한다. 이러한 탐구는 영적 가슴으로의 몰입에 필수적인 자각의 원천을 만드는 데 도움이 될 것이다.

이 한 쌍의 무기를 사용하면서 주체인 '나'에 관심을 기울이면 생각의 침입을 빈틈없이 알아차릴 수 있는 능력이 생긴다. 그리하여 관심이 생각하는 자에게서 벗어나 다른 데로 쏠릴 때 그것을 즉시는 아니더라도 재빨리 알아차리게 된다. 생각을 물리치는 것은 사전에 반드시 필요한 것이다. 그 뒤에 '나'에 대한 지속적인 주의가 뒤따를 때 마음은 내면을 향하며 고요해진다.

주체에 관심을 기울임으로써 일단 마음이 내면을 향하게 되면, 그런 관심을 지속시키는 철저히 적극적인 태도로부터 완전히 수동적인 태도로 전환해야 한다는 점을 기억하는 것이 중요하다. 이제 필요한 것은 '가만히 있는 것'이다. 그러는 동안 마음은 영적 가슴으로 반복하여 몰입하며, 이것 자체가 더욱 노력하도록 촉진하는 박차가 된다. 왜냐하면 "자신이 경험한 것이나 진리라고 알고 있는 것은 결코 부정되거나 잊혀 질 수 없기" 때문이다.

마음은 점점 더 많이 의식에 참여하며, 그 근원에 꾸준히 머무를 수 있는 능력을 서서히 얻게 된다. 그 뒤에 마음은 고요해진다. 우리가 알고 있는 마음은 소멸할 것이다. 바깥을 향하는 마음의 습성, 행동과 게으름 사이를 오가는 습성도 끝이 날 것이다.

대신에 마음은 내면에 머물고, 생각에 의해 오염되지 않으며 순수할 것이다. 그러면 마음은 의식을 왜곡 없이 반영할 것이다. 생각은 필요할 때만 일어났다가 가라앉을 것이다. 행위는 그때 더할 나위 없으며 완벽할 것이다. 그것은 잠을 자면서도 깨어 있는 상태와 같다. 왜냐하면 그 상태에서는 깊이 잠들어 있을 때처럼 생각이 없고, 깨어 있을 때처럼 알아차리며 행동하기 때문이다. 참나를 자각하게 될 때, 기쁨이 멈추지 않는 고동처럼 가슴에서 흘러넘칠 것이다.

  그러한 상태를 경험하지 못했기 때문에 많은 사람들은 생각이 없는 상태에 대해 걱정한다. 그러나 그 상태에서도 기억이나 논리적 사유, 추론 등 마음의 기능들은 그대로 있으며, 오히려 산만함이 없기 때문에 더욱 강화된 힘으로 있을 것이라는 점을 다시 분명히 밝히고 싶다. 그와 같은 고요의 상태에 머물렀던, 과거의 해방된 존재들의 사례가 이러한 두려움을 없애는 데 도움이 될 것이다. 라마나가 바로 좋은 사례다. 라마나는 채소를 다듬는 일에서부터 구도자들의 숱한 의문들을 해소해 주는 일까지 무슨 일을 하든 그 일에 열중했다. 마음이 텅 비어 있고 자유롭다는 말은 단지 쓸모없는 쓰레기 더미 같은 심리적인 생각들이 없다는 것을 의미한다.

  이 과정을 촉진시키는 데 도움이 될 만한 방법들을 고려해 보는 것이 좋을 것이다. 라마나는 '마음으로 호흡을 관찰하는 것'을 추천한다. 관심을 두면서 지속적으로 관찰한다면, 마음을 고요하게 하는 데 직접적인 효과가 있을 것이다. 왜냐하면 호흡과 마음 둘 다는 영적 가슴으로부터 나오기 때문이다. 마음이 충분한 힘을 모아 '나'와 함께 머물 때, 호흡을 관찰함으로써 호흡을 조절하게 되면 이것은 말의 고삐나 자동차의 브레이크와 같은 역할을 하게 될 것이다. 하지만 라마나는 호흡 관찰만 하는 것은 권장하지 않는다. 왜냐하면 이것은 마음을 잠재울 수도 있기 때문이다. 마음이 잠들어 버릴 위험성은 다분하다. 마음은 생각으로 가득 차서 활동하거나 아니면 생각이 없을 때면 잠들어 버리기 때문이다. 마음으로 하여금 내면을 향하게 하여, 그 근원과 합쳐질 때까지 그 속에서 머물도록 만드는 의식적인 노력이 필요하다.

삿구루의 은총은 어떤 역할을 하는가? 오로지 개인의 노력에만 달려 있는가? 대답은 '아니다'이다. 라마나의 은총에 의해 우리는 그가 부단히 강조한 자기 탐구라는 직접적인 길에 이끌린다. 이 길에는 마음을 차지할 것도, 어떠한 의식^{ritual}도, 철학적 담론의 여지도, 말해지지 않거나 감추어진 뉘앙스도 없다. 그것은 완전히 펼쳐진 책이다. 마음은 복잡함을 즐긴다. 마음이 즐길 만한 여지를 제공하지 않는 길을 우리가 선택하는 것은 그의 은총이 없이는 일어나지 않는다. 내면의 여행에서도 은총은 매우 많은 작용을 한다. 내적 지향이 자리 잡는 지점까지만 노력할 수 있다. 그 후에는 라마나의 은총이 우리를 '산 채로 꿀꺽 삼켜 버리고' 삶의 새로운 차원을 열어 준다. 막다른 상황들을 견디게 하고 흥미의 상실이나 무기력을 극복할 수 있게 해 주는 것도 라마나의 인도이다. "그러므로 은총은 시작과 끝입니다. 내면을 향하는 것은 은총 덕분이며, 인내도 은총이요, 깨달음도 은총입니다."

또한 라마나는 수행을 할 때는 성공을 확신하면서 해야 한다고 말하곤 했다. "다른 사람들은 성공했습니다. 그대라고 왜 못하겠습니까? 그대는 왜 실패할 것이라고 미리 예상하여 실패를 자초합니까?" 그는 영적인 펼쳐짐은 단지 이미 여기에 있는 것, 영적 가슴과 자연스러운 고요함을 발견하는 문제일 뿐이라고 말했다. 이러한 상태는 자신의 것이며 주어지는 것이 아니기 때문에, 부지런한 수행과 삿구루의 은총이 상호작용하면 그 상태를 확실히 자각하게 된다.

　많은 사람들은 아내와 자식을 버리고, 직업과 직장을 포기하고, 세상과의 관계를 끊는 것 등이 이 목표에 이르는 선결 조건이라고 생각한다. 늘 바쁘게 일해야 하는 세상에 살면서 영적 수행을 위한 시간을 어떻게 낼 수 있겠느냐고 생각한다. 하루 종일 일해야 하기 때문에 시간이 나지 않는다는 것이다. 라마나는 그와 같은 그릇된 논리에 동의하지 않았다.

　왜냐하면 세상은 마음속에 존재하기 때문이다. 붙잡고 씨름해야 할 것은 우리가 결코 떠날 수 없는 마음이다. 우리는 늘 자기 탐구가 저변에서 흐르게 할 수 있으며, 자신이 믿고 있는 정체성이 과연 진실한지를 의심하는 의문의 씨앗을 뿌릴 수 있다.

　문제는 명상 시간과 빈 시간을 적절히 사용하는 것이다. 바다에서 수영하려는 사람은 파도가 잠잠해질 때까지 기다리기만 하면 안 된다고 라마나는 말한다. 그런 사람이 바다에서 수영을 할 수 있겠는가? 그는 있는 그대로의 바다에 그대로 뛰어들겠다고 결심해야 한다. 그는 스스로 혹은 적절한 가르침을 받아서 각각의 파도에 자맥질하는 법을 배워서, 마침내 파도들이 연이어 계속 몰려와도 자맥질할 수 있는 기술을 익혀야 한다. 그러면 끊임없이 파도를 일으키는 바다도 그에게 두려움을 주지 못한다. 그는 바다를 다루는 법을 알기 때문이다.

　세상의 의무와 걱정이라는 이 문제를 다루는 또 하나의 방법은 삿구루의 손에 맡기는 법을 배우는 것이다. 자기 탐구를 향하여 나아가면, 라마나의 전지전능함에 대한 믿음이 성장한다. 자신의 힘으로 해결할 수 없는 일이 생길 때 처음에는 라마나에게 그 특정한 일에만 권한을 위임한다. 신뢰가 완전해지면 모든 권한을 양도한다.

하지만 먼저 '내맡김'이라는 말의 의미를 명확히 이해해야 한다. 우리는 어떤 일이 전개되더라도 라마나가 그 일을 가장 잘 알고 있다는 점을 알고 확신하며 무조건적으로 받아들여야 한다. 그러한 확신은 결코 놓쳐서는 안 된다. 왜냐하면 라마나는 처음부터 끝까지 인도하는 책임을 완전히 떠맡기 때문이다. 이제 우리의 짐은 라마나의 짐이며, 그는 그 짐을 잘 떠맡을 수 있다.

사람들은 윤회에 큰 흥미를 느낀다. 그 저변에는 존재의 소멸이라는 관념을 받아들여야 한다는 두려움이 깔려 있어서 그럴 것이다. 우리는 자신을 육체라고 여기기 때문에 육체의 죽음을 몹시 두려워한다.

죽을 때는 무슨 일이 일어나는가? 마음은 현재의 육체를 떠나기 전에 생명력을 모아서 거친 몸이든 미세한 몸이든 다른 몸으로 옮겨 간다. 탄생의 까르마의 목적은 씨앗의 형태로 남아 있는 욕망과 집착의 결실을 위한 것이다.

마음이 영적 가슴과 지속적으로 결합되어 있지 않은 한, 탄생과 환생은 불가피하다. 이러한 윤회에서 벗어나기를 원한다면, 지속적인 참나 자각을 얻기 위해 노력해야 한다. 그렇게 하는 것이 삶의 진정한 목적을 발견하는 것이다. 이것은 "누구에게 탄생이 있는가?"라는 질문을 탐구하는 것이며, 그 대답을 발견하여 끝없는 윤회에서 벗어나는 것이다.

이와 관련하여 운명과 자유의지에 관한 질문이 라마나와 구도자들 간의 대화에서 빈번하게 제기되었다. 여기에서도 라마나는 질문자에게 운명과 자유의지가 누구와 관계있는지를 발견하라고 질문함으로써 그 문제의 뿌리로 들어가곤 했다. 그리하여 질문자는 다시 진정한 정체성 탐구로 되돌아가게 된다. 그는 또한 운명의 가시와 화살로부터 빠져나오는 방법을 추천했는데, 구루에게 내맡김으로써 그것을 극복할 수 있다는 것이다. 삶에서 일어나는 일들을 있는 그대로 받아들일 수 있게 되면, 그러한 일들에 '좋다' 혹은 '나쁘다'라는 꼬리표를 붙이는 행위도 그칠 것이다. 어느 누가 무엇이 '좋고' 무엇이 '나쁜지'를 삿구루보다 더 잘 알 수 있겠는가? 우리는 까르마의 전체 그림을 모르지만 그는 알고 있다.

따라서 우리의 판단은 잘못되고 근시안적일 수 있지만, 삿구루는 분명히 보고 판단하며 우리를 가장 유익한 방향으로 인도한다.

많은 사람들은 기적에 흥미를 보인다. 갸니(깨달은 존재)가 이런 능력들을 행해야 하는가? 왜 어떤 갸니들은 기적을 행하고, 다른 갸니들은 그렇게 하지 않는가? 라마나는 기적을 두 범주로 나눈다. 하나는 갸니에게 자연발생적으로 일어나는 것들이며, 다른 하나는 마음의 산물이자 사람들을 현혹시키고 명성을 얻기 위해 행해지는 것들이다. 후자는 그릇된 기적이다. 마술사조차도 자신이 부리는 마술이 환영이라는 것을 안다. 반면에 기적을 행하는 사람은 자신이 만들어 내는 환영에 속아서 그것을 실제라고 믿게 된다.

이러한 싯디(기이한 힘)들은 참나 지식의 수단이 아니기 때문에 이러한 능력들을 얻은 사람도 여전히 무지한 상태에 있을 것이다. 기억해 둘 점은 참나 자각이야말로 진정한 기적이라는 것이다. 갸니들에게 자연발생적으로 일어나는 기적들에 관하여는, 신의 계획에 따라 이런 능력들이 발휘될 수도 있고 발휘되지 않을 수도 있다. 그러나 아무런 차이가 없다. 왜냐하면 갸니의 특징은 평정심이기 때문이다.

라마나는 자신의 가르침을 어떤 방법으로 전달했는가? 아루나짤라의 동굴에 머물던 몇 년 동안, 그는 거의 말을 하지 않았다. 그럴 필요가 없었기 때문이다. 그의 현존의 거대한 고요 속에서 구도자들의 의문이 저절로 풀리는 경우가 많았다. 그 뒤에도 그 고요는 더없이 강력하여 구도자의 마음속에 필요한 응답이 주어지곤 했다. 하지만 라마나가 암시적으로 혹은 직접적으로 대답하여 의문을 해소해 주는 경우는 늘 있었다. 그런데 대개는 대답하기 전에 먼저 꿰뚫는 듯한 은총의 눈길로 바라봄으로써 답변의 완전한 함의를 이해할 수 있도록 해 주었다.

심지어 라마나가 몸을 입고 있지 않은 지금도 바라봄의 힘은 감소되지 않았다고 말할 수 있다. 아직도 그의 사진 속에서 말하는 듯한 그것을 느낄 수 있고 또 혜택을 입을 수도 있다. 그 눈에서 방사되는 빛은 마음을 고요하게 하며, 수행하는 동안 발생하는 문제들을 해결하는 데 도움을 준다. 라마나는 또한 구루가 우리 마음 안에 있다는 것을 잊지 말라고 강조하곤 하였다.

그 자신이 천진한 어린 시절부터 신성한 산이며 쉬바 신의 나타남으로 여겨지는 아루나짤라의 인도를 받았다. 마찬가지로 내면의 구루로서 라마나의 인도는 내면을 향하며 그의 현존을 알아차릴 수 있는 모든 이에게 열려 있다.

그러한 혜택이 결실을 맺고 그 길에서 기쁨을 발견할 때, 우리는 종종 라마나에게 진 엄청난 빚을 어떻게 갚을 수 있겠는가 하고 생각해 본다. 그는 충만한 의식이다. 우리가 그에게 줄 수 있는 것이 무엇인가? 라마나도 이 점에 관한 질문을 받은 적이 있었다. 이에 대한 대답으로 그는 따밀어 베단따 작품 《까이발야 나바니땀》을 언급했는데, 이 작품은 제자가 구루에게 줄 수 있는 최고의 선물은 참나를 깨닫는 것이라고 말하고 있다.

이 책에 수록된 대화들은 대부분 30대 중반까지 시기에 이루어진 것이다. 왜냐하면 이 시기는 구도자들에게 더 큰 친밀함과 자유가 가능한 시기였기 때문이다. 그들은 언제나 라마나와 함께 할 수 있었다. 그들 대다수의 유일한 관심은 진리를 찾는 것이었다.

빛나는 별들의 무리와 같은 이들 가운데에는 가나빠띠 무니, 까빨리 샤스뜨리, 다이바라따, 험프리즈, 나라심하 스와미, 폴 브런튼, 라마나난다 스와르나기리, 코헨 등이 있었다. 라마나가 그들과 나눈 대화들에는 배울 점들이 대단히 많다. 그러나 불행히도 대부분 그것들은 숨겨진 보물들과 같고 흩어져 있는 진주들과 같다. 왜냐하면 그것들은 작은 소책자들이나 잘 알려지지 않은 출판물들, 여기저기 흩어져 있는 회고담들 속에 있거나, 혹은 책들 가운데 작은 부분만을 차지하고 있어 눈에 잘 띄지 않기 때문이다. 그래서 이 책은 진지한 구도자들이 한눈에 보고 혜택을 입을 수 있도록 이것들을 하나로 엮었다.

후기에 이루어진 대화들도 이 주제의 완결성을 위해 몇몇 추가되었는데, 이 대화들은 무나갈라 벤까따라미아, 데바라자 무달리아르, 숩바라마이야에 의해 기록된 것들 혹은 라마나스라맘의 다른 출판물들에 수록된 것들 가운데에서 선별했다.

각 장의 첫머리에는 기억할 필요가 있는 핵심적인 요점들에 관해 짧은 설명을 덧붙였다. 각 장들에 담긴 내용들의 배열과 순서는 구도자의 필요를 고려하여 정하였다. 이 책의 목적은 자기 탐구라는 길의 실제적인 안내서로 이바지 하는 것이기 때문이다.

우리는 물을 수 있다. "자기 탐구가 무슨 소용인가? 그것을 행하지 않는다고 해서 무엇을 잃겠는가? 그것을 부지런히 추구한다고 해서 무엇을 얻겠는가?" 우리의 현재 삶을 잘 들여다보면 거기에 대답이 있다.

우리는 행복한가? 우리는 늘 행복한가, 아니면 인생의 쓴맛 단맛을 끊임없이 맛보고 있는가? 우리는 마음을 다스리고 있는가? 우리는 편안히 휴식하며 생각을 따르지 않을 수 있는가? 우리를 괴롭히는 생각들의 요구로부터 자유로운가? 간절히 원하는 마음의 평화는 어디에 있는가?

우리는 운명의 장난감인가, 아니면 운명의 주인인가? 잠시 멈추고 바라볼 여유조차 주지 않는 이러한 끝없는 모든 활동으로부터 자유롭고 싶지 않은가? 우리 각자는 참된 해답을 가슴 깊은 곳에서 알고 있다. 그래서 우리는 출구를 찾으려 하는 것이며, 라마나는 그 길을 제공한다.

이 길은 실천과 체험을 지향한다. 이 길을 따라 여행할 때, 우리는 이 길의 아름다움을 알아보게 된다. 그 목표와 방법은 분명하다. 목표는 자기의 참된 정체성을 발견하여 그 자연스러운 상태에 머무는 것이다. 이 목표에 도달하는 방법도 매우 분명하다. 마음의 족쇄와 시간에 대한 속박이 점점 부서진다. 그때 우리는 역동적인 고요이며 충만한 기쁨이다.

나따라잔

1991년 12월 5일
라마나 마하리쉬 성소 개관일에

차례

그대 자신을 아십시오 _ 4
감사의 말 _ 7
머리말 _ 8

1. 삿구루 라마나 _ 29
2. 침묵의 힘 _ 36
3. 신, 구루 그리고 참나 _ 40
4. 라마나의 죽음 체험 _ 49
5. 자연스러운 상태 _ 55
6. 행복 _ 61
7. 영적 가슴 _ 68
8. 의식의 흐름 _ 79
9. 마음 _ 82
10. 순수한 마음 _ 88
11. '나-나' 자각 _ 93
12. 대상 없는 명상 _ 100
13. 나는 몸인가? _ 105
14. 나는 마음인가? _ 110
15. 자기 탐구, 그것은 무엇이고 무엇이 아닌가? _ 123
16. 다른 영적 수행들, 쁘라나야마 _ 135

17. 다른 영적 수행들, 의문과 답변 _ 138

18. 더 많은 의문들과 답변들 _ 161

19. 함정과 왜곡 _ 171

20. 수행 _ 184

21. 은총 _ 192

22. 사마디 _ 197

23. 삿구루에게 짐을 넘기십시오 _ 204

24. 자아 _ 219

25. 세상 _ 224

26. 신 _ 229

27. 꿈, 깨어있음 그리고 환영 _ 239

28. 운명, 자유의지와 그 너머 _ 250

29. 탄생과 환생 _ 259

30. 포기 _ 265

31. 기적 _ 273

32. 갸니 _ 278

용어 풀이 _ 289
참고 문헌 _ 297

1.
삿구루 라마나

❦

　라마나의 가르침에 끌리는 것은 그 자체로 은총의 확실한 표시이다. 그것은 지식의 새벽이다. 마음은 복잡함, 의식^{ritual}, 교리들, 그리고 이런저런 활동으로 늘 바쁘게 하는 '해야 할 것' 혹은 '하지 말아야 할 것'의 체계를 좋아하며, 그것이 마음의 길이기 때문이다. 만약 라마나의 힘이 이미 작용하고 있지 않았다면, 어떻게 우리가 우회하지 않고 직접 파고들며 참나 지식에만 또렷이 초점을 맞추는 라마나의 길로 올 수 있었겠는가? 라마나는 시작하는데 이미 은총이 있다고 말했다.
　라마나는 지혜가 한결같은 그의 지고한 상태를 잘 드러내려 하지 않았다. 하지만 구체적인 질문을 받았을 때나 헌신자의 믿음을 유지하기 위해 그것에 대해 간단히 말하거나 넌지시 암시하곤 하였다. 그는 우주의 핵심이자 모든 생명의 가슴으로서 온 우주에 편재하는, 시간을 초월한 분이다. 그는 충만한 의식이다. 그는 암리따난다 요기의 질문에 주저 없이 그렇다고 대답한다.

그러나 왜 이 장이 첫 번째 장이어야 하는가 하는 질문은 남을 수 있다. 진리를 탐구하는 구도자들은 책을 읽을수록 라마나의 가르침에 삶을 변형시키는 힘이 있음을 직접 알아 가면서 점점 믿음이 자라게 될 것이다. 그렇다면 믿음이 탄탄해질 때인 뒷부분에 이 장을 넣는 편이 더 낫지 않을까? 우리의 경험은 라마나의 인도가 지속적으로 뒷받침되지 않으면 우리의 모든 노력이 허사가 된다는 것을 보여 준다. 이 장이 첫 번째 장이 된 까닭은 이 때문이다. 우리가 영적 무기력에 빠져 있는 시기에도 라마나의 돕는 손길은 늘 곁에 있다. 또한 라마나의 길이 맺은 결실, 즉 희열과 충만한 의식에 잠긴 즐거운 삶의 가장 좋은 본보기는 바로 라마나 자신이라는 숨김없는 사실을 드러내어 말하지 않고 주저할 필요가 어디에 있겠는가?

부모님이건 학교 선생님이건 살면서 만난 친구이건, 당신이 그에게서 뭔가를 배웠다면 그를 구루 즉 스승이라고 말할 수 있다. 그러나 진리를 찾는 사람을 올바로 인도할 수 있는 존재는 삿구루뿐이며, 그는 삿Sat 즉 진리의 체현이다. 그는 진리를 직접 경험하며 늘 그 안에서 균형 잡혀 있다. 우리는 구루를 등불로, 삿구루를 태양에 비유할 수 있다. 라마나는 지식의 태양이므로 삿구루라 불린다.

라마나라는 이름은 가나빠띠 무니가 참나 안에 계속 잠겨 있는 그를 보고서 1907년에 붙여 준 이름이다. 그 이후 그는 이 이름으로 온 세상에 알려졌다. 이 이름에는 '자애로운 사람'이라는 뜻도 있다.

우리는 삿구루에게 진 빚을 갚을 수가 없다. 그는 아무것도 필요로 하지 않기 때문이다. 우리는 무엇으로도 그의 행복의 잔을 채울 수 없다. 그 잔은 이미 기쁨으로 흘러넘치고 있기 때문이다. 하지만 당신이 굳이 어떤 보답을 해야겠다면, 그가 보여 준 길을 꾸준히 끈질기게 걸어가라. 그리하여 마침내 그 희열에 동참하라.

***

암리따난다 요기라는 헌신자가 종이에 말라얄람어로 글을 써서 바가반에게 드렸다. 바가반도 글로 써서 대답했다.

스승님은 하리[1]이십니까, 수브라만야[2]이십니까, 쉬바[3]이십니까, 아니면 바라루찌[4]이십니까?

하리와 더불어 시작하는 모든 존재의 가슴 속에는 아루나짤라 라마나와 동일한 지고한 존재가 순수한 지성으로 빛나고 있습니

---

1 비슈누〈옮긴이 주, 이하 표기 생략〉
2 쉬바의 아들, 원전에서는 쉬바구루임. 아버지를 가르쳤다 하여 쉬바구루라고도 함.
3 원전에는 야따바라라는 용어를 쓰고 있음.
4 유명한 문법학자

다. 마음이 그분에 대한 사랑으로 녹아 영적 가슴에 이를 때, 그분이 거기에 연인으로 거주하고 있음을 봅니다. 그러면 순수한 지성의 미묘한 눈이 열리고 그분은 순수 의식으로 자신의 모습을 드러냅니다.

* * *

아난따무르띠가 바가반에게 영어로 얘기했다.

바가반이시여, 저는 스승님의 현존 안에서 큰 평화를 누렸습니다. 이제 방갈로르로 돌아가고자 하오니 허락하여 주십시오. 제가 방갈로르에 가서도 스승님의 도움을 받을 수 있는지 알고 싶습니다. 저를 축복해 주십시오.

자비로운 현자는 그때까지 소파 위에 기대어 있었다. 그는 헤어지는 장면을 인상 깊게 만들었다. 그는 소파에서 몸을 일으켜 똑바로 앉은 뒤 자상하지만 큰 목소리로 다음과 같이 영어로 물었다.

무엇이라고요? 저에게 시간이나 장소, 거리가 있습니까?

나를 향해 이렇게 묻고는 다시 소파의 쿠션 위에 몸을 기대었다. 그의 말과 몸짓들은 매력적이고 교훈적이며 자비로웠다. 이것은 그의 도움을 구하는 모든 사람에 대한 영원한 연민과 사랑을 나타낸다. 그의 은혜로운 말들은 34년이 지난 지금도 나의 귓가에

울리고 있다.

***

다른 헌신자가 아쉬람을 떠나면서 슈리 라마나에게 위와 비슷한 요청을 하자, 그는 다음과 같이 대답했다.

아무도 지고한 현존의 시야에서 벗어날 수 없습니다. 그대는 이 몸을 바가반이라 여기고 저 몸을 그대 자신이라 여기므로 두 개의 실체^{entities}가 별개로 있다고 보고 여기에서 떠난다고 말합니다. 그대가 어디를 가든 그대는 저를 떠날 수 없습니다.

현자의 이 답변은 내가 1937년 4월 10일경 바가반을 떠날 때 대답으로 주어진 말의 설명이다.

***

바가반께서는 모든 면에서 저희를 도우십니다. 스승님께서 저희 삶을 새롭게 만들어 주실 때 저희는 많은 혜택을 입습니다. 어떻게 보답할 수 있을지 모르겠습니다.

그대가 저를 위하여 무엇을 할 수 있겠습니까? 제가 무엇을 원하겠습니까? 저는 늘 만족합니다. 그대가 삶의 목적을 깨닫고 참나 깨달음을 위하여 노력한다면 그것으로 충분합니다.

* * *

내가 떠나는 날 아침에 슈리 바가반은 슈리 무루가나르가 지은 두 편의 시를 들려주었다.

"너머의 너머에 있고 동시에 안쪽의 안쪽에 있으며 참나인 가슴 안에서 빛나고 있다고 말해지는 그것은 진실로 슈리 벤까따 라마나이다. 그를 경배하십시오."

"다이아몬드를 조약돌로 여기며 던져 버리는 수탉처럼, 그대도 아루나짤라 라마나를 평범한 사람으로 오해하여 하찮게 볼 수 있으나 그는 진실로 지고한 참나입니다. 그러니 경계하십시오!"

* * *

슈리 바가반이 있는 자리에서 슈리 무달리아르는 내가 자얀띠[5]에 참석하지 못한 데 대해 부드럽게 훈계하고 이렇게 덧붙였다.

---

5 바가반의 생신

내 생각에 바가반께서는 당신의 자녀인 우리가 특히 이런 때에는 그분의 발밑에 모이기를 바라실 것이네.

슈리 바가반은 미소를 지으며 말했다.

바가반의 발은 어디에나 있습니다. 그러니 우리가 그의 발밑 말고 또 어디에 모일 수 있겠습니까? 시간과 공간은 가슴들이 모이는 데 장애가 될 수 없습니다.

※ ※ ※

저는 떠나려 합니다. 바가반의 은총을 얻고 싶습니다.

백 마일이든 천 마일이든 상관없습니다. 은총은 늘 일합니다.

※ ※ ※

책에는 바가반이 자비의 바다라고 쓰여 있습니다. 사실입니까?

바다? 바다에는 한계와 경계가 있습니다. 바가반의 은총에는 그런 것이 없습니다. 그 은총은 끝이 없습니다. 한계를 모릅니다.

※ ※ ※

2.
침묵의 힘

라마나의 길을 꾸준히 가면서 얻게 되는 결과 가운데 하나는 고요한 마음이다. 그것은 무엇을 의미하는가? 마음이 고요해지면, 마음은 산란한 생각에서 벗어나 모든 관심을 지금 이 순간에 쏟을 수 있게 된다. 생각할 필요가 없을 때, 마음은 파도 없이 잔잔한 거대한 바다처럼 하루 종일 고요하고 평화롭다. 라마나의 마음은 침묵에 잠겨 있었다. 그 침묵은 너무나 강력하여 주변에 있는 모든 존재들도 그것에 참여할 수 있었다. 라마나가 침묵을 통해 대부분의 가르침을 주었다고 말하는 것은 아마도 이런 이유 때문일 것이다.

어떻게 하면 침묵을 통해 혜택을 얻을 수 있는가? 점점 더 침묵을 받아들이고 자기 탐구를 꾸준히 함으로써 그렇게 할 수 있다.

라마나의 침묵의 힘을 가장 잘 보여 주는 사례 가운데 하나는 다음에 소개하는 1937년에 일어난 사건이다. 우리는 라마나가 시간 너머에서 영원하며, 우리가 그의 현존을 느낄 수 있을 때는 언제라도 그의 침묵을 여전히 경험할 수 있다는 것을 늘 잊지 말아야 한다. 이것이 중요한 이유는 침묵의 힘을 전수받은 사람에게 라마나에 대한 믿음이 자란다는 사실 때문이다. 그러면 우리는 앞으로 계속 나아갈 수 있다.

***

뗄루구어를 쓰는 건장한 노인이 자리에서 일어나 슈리 라마나에게 우렁찬 목소리로 말하였다.

스와미지, 많은 남자와 여자들이 가르침을 받기 위하여 선생님 앞에 앉아 있습니다. 하지만 선생님께서는 아무런 말씀이 없으십니다. 이 사람들도 질문을 하지 않습니다. 이들은 모두 무엇인가를 배우고자 조용히 앉아 있습니다. 선생님께서는 이들에게 무엇을 가르치고 계십니까? 이들은 선생님으로부터 무엇을 배우고 있습니까? 이 비밀을 저에게도 말씀해 주십시오.

슈리 라마나는 여전히 말이 없었다. 그 나이 든 빤디뜨가 큰 소리로 한 말을 들었음을 나타내는 어떠한 몸짓도 보이지 않았다. 우리는 모두 이 위대한 현자가 어떻게 대답할지 궁금해 하며 귀를 기울이고 있었다. 질문한 사람은 현자의 답변을 기다리며 5분 동안 그대로 서 있었다. 나이든 빤디뜨가 다시 입을 열었다.

스와미지, 제가 드린 두 가지 질문에 아직 대답하지 않으셨습니다. 저 역시 답을 찾지 못했습니다. 이제 직접 말씀해 주십시오.

이렇게 말한 뒤 그는 계속 서 있었다. 슈리 라마나는 그 빤디뜨를 빛나는 눈으로 바라보며 뗄루구어로 말하였다.

그대는 나에게 무엇을 묻고 있습니까? 다른 사람을 가르칠 사람이 여기에 있습니까?

현자의 질문에 답변할 수 없었던 뗄루구 빤디뜨는 다시 다음과 같이 물었다.

그렇다면 이렇게 많은 여자와 남자들이 선생님 앞에 가만히 앉아 있는 이유는 무엇입니까? 그들은 어떤 혜택을 입습니까?

슈리 라마나는 평온한 얼굴에 잔잔한 미소를 띠면서 다음과 같이 대답했다.

그 질문은 '저쪽'에게 물어야 할 것입니다. 그대는 왜 '이쪽'에게 그것을 묻습니까?

라마나는 '저쪽'이라고 말할 때는 모여 있는 헌신자들을 향해 팔을 내뻗었다. '이쪽'이라고 말할 때는 자신을 향해 팔을 오므렸다.

그것은 그의 암시적인 몸짓과 대답이었다.

***

3.
신, 구루 그리고 참나

참나는 충만한 의식이다. 따라서 그것에서 떨어져 있는 것은 아무것도 없다. 라마나는 신이 분리되어 있다면 그 신은 참나가 없는 신일 것이라고 유머러스하게 얘기하곤 했다. 삿구루에게는 개체성이 없다. 그것은 바다의 파도처럼 참나와 하나가 되었다. 그래서 그는 참나이다. 구루와 신은 다르지 않다. 구루와 신의 본성은 무한한 의식이다. 무한한 의식은 동일하다. 우리는 신이 전지전능하다고 말한다. 평화의 거처이며 힘의 보고인 구루도 마찬가지다. 우리는 구루에 대해 이러한 확신을 가질 수 있다. 이 신뢰에서 흘러나오는 믿음으로 구루가 인도하는 길을 따라 갈 수 있다.

어떤 사람들은 영적 길에서 왜 구루가 필요하냐고 질문한다. 마음에 관계된 문제들에는 선생이 필요하지만 마음 너머의 문제들에 대해 인도를 구하는 것은 헛된 일이라고 말하기도 한다. 이 주장의 오류는 우리는 종착점에 도달하기까지, 마음이 완전히 고요해지기까지 수많은 장애물들을 통과해야 한다는 것이다. 구루가 하는 일은 제자가 부단히 진리를 탐구하다가 마침내 내면의 신성의 자력^{magnetism}에 완전히 내맡기게 될 때까지 그를 인도하는 것이다. 오직 구루만이 그렇게 할 수 있다. 왜냐하면 그는 제자나 헌신자들이 찾고 있는 자연스러운 기쁨의 상태를 직접 경험했기 때문이다. 구루가 하는 일은 자신의 진정한 정체성을 깨닫지 못하도록 가로막는 장애물을 없애는 것이다. 그는 그러한 경험을 선사할 힘이 있지만, 구도자가 스스로 진리를 발견하도록 그렇게 하지 않는다.

구루의 역할은 환자에게 알맞은 약을 처방해 주는 의사와 같지만, 병에서 치유되기 위해서는 환자인 구도자가 처방된 약을 직접 먹어야 한다고 라마나는 말하곤 하였다. 구루가 환자의 목구멍에 억지로 약을 넣어 주는 경우는 거의 없다. 구루는 길을 안내하지만, 그 길을 따르는 것은 구도자 자신에게 달려있는 것이다.

구루는 주로 내면에서 일한다. 그의 손길, 생각, 바라봄 혹은 그의 침묵의 힘의 자력으로 구루는 구도자로 하여금 내면을 향하게 하고 내면을 점령하게 한다. 바깥을 향하는 마음은 들을 수 없기 때문이다. 산란한 생각들의 소음이 듣지 못하게 방해할 것이다. 구루는 본래 내면에서 인도한다는 점을 기억하는 것이 중요하다. 그 점을 잊지 않아야만 우리는 구루가 어디에 있건, 몸을 입고 있건 니르바나에 들었건 상관없이 구루의 인도를 받을 수 있다는 것을 알 수 있기 때문이다.

***

슈리 오로빈도 아쉬람의 슈리 딜립 꾸마르 로이는 이날 아침에 마하리쉬가 있는 홀에서 노래를 불렀으며, 저녁에는 다음과 같이 질문하였다.

어떤 사람들은 선생님께서 구루가 필요하지 않다는 말씀을 하셨다고 말합니다. 다른 사람들은 반대로 얘기합니다. 마하리쉬께서는 어떻게 말씀하십니까?

저는 구루가 필요 없다는 말을 하지 않았습니다.

슈리 오로빈도와 여타의 사람들은 선생님께 구루가 없었다고 말합니다.

이 모든 것은 그대가 무엇을 구루로 보는가에 달려 있습니다. 구루가 반드시 인간의 모습을 하고 있을 필요는 없습니다. 닷따뜨레야에게는 다섯 가지 원소들과 땅, 물 등 스물넷의 구루들이 있었습니다. 이 세상의 모든 사물들이 그의 구루였습니다. 구루는 절대적으로 필요합니다. 우빠니샤드에는 지성과 감각 지각의 정글에서 사람을 빠져나오게 할 수 있는 존재는 구루밖에 없다고 쓰여 있습니다. 그러므로 구루는 꼭 있어야 합니다.

저는 인간 구루를 말합니다. 마하리쉬께는 그런 구루가 없었습니다.

제게도 언젠가는 있었을 것입니다. 제가 아루나짤라를 찬양하지 않았던가요? 구루가 무엇입니까? 구루는 신 혹은 참나입니다. 사람들은 처음에는 자신의 욕망을 채우기 위하여 신에게 기도하지만, 나중에는 물질적인 욕망을 채우기 위해서가 아니라 신 자신을 위하여 기도하는 때가 옵니다. 그러면 신은 그의 기도에 응답하여, 그의 필요에 따라 이런저런 모습으로, 인간의 모습이나 다른 모습으로 나타나 그를 그분 자신에게로 인도합니다.

***

채드윅 소령이 말했다.

바가반께서는 제자들이 없다고 말씀하십니다.

(의아하다는 표정으로 나를 바라보며) 그렇습니다.

하지만 바가반께서는 대부분의 구도자들에게 구루가 필요하다고 말씀하십니다.

그렇습니다.

그러면 저는 어떻게 해야 합니까? 저는 이 먼 곳까지 와서 이 모든 세월동안 바가반의 발밑에 앉아 있었습니다. 이 모든 것이 다 헛된 시간이었습니까?

신은 구도자를 그의 형상 없는 상태로 인도하기 위해 은총으로써 형상을 취합니다.

그가 그 점에 대하여 의심합니까? 그는 제가 증명서를 써 주기를 원하는지 그에게 물어보십시오. 가서 서기보인 나라야나 아이어를 불러 이 사람에게 증명서를 하나 써주라고 하십시오.

* * *

저는 구루들이 전혀 필요 없다는 사상을 따르고 있었습니다. 그러나 몇 년간 깊이 숙고한 결과, 이제는 영적 해방으로 나아가는 힘든 길에는 인도자가 절대적으로 필요하다는 결론을 내렸습니다. 저는 바가반께서 가장 높은 경지에 이르렀다고 믿습니다. 그러니 저를 깨우쳐 주시기를 간청합니다.

모든 경전들은 영적 스승을 권장합니다. 구루는 바로 사람들이 찾고 있는 목표인 참나입니다. 구도자의 마음이 바깥으로 향해 있기 때문에, 참나는 그의 마음이 안으로 향하도록 돕기 위하여 사람의 모습을 한 구루로 나타납니다. 야생 사슴을 잡기 위해 사슴을 미끼로 쓰듯이 신, 참나 혹은 구루는 사람의 무지를 추방하기 위하여 사람의 모습으로 나타난다고 따유마나바르는 말합니다. "나는 몸이다."라는 구도자의 그릇된 관념을 깨뜨리려면 구루가 몸을 입고 나타나야 합니다.

* * *

신상 숭배에 더하여 구루의 인도가 필요하지 않습니까?

그대는 조언 없이 어떻게 시작했습니까?

뿌라나 등을 통해서 시작했습니다.

그렇습니다. 구루가 누구인지가 중요합니까? 우리는 진실로 구루, 신과 하나입니다. 우리는 결국 이 점을 알게 됩니다. 그들 사이에는 차이가 없습니다.

우리에게 공덕이 있다면, 탐구는 우리를 떠나지 않을 것입니다.

그렇습니다. 그대는 그런 식으로 계속 노력할 것입니다.

지혜로운 사람은 길을 가리키는 데 큰 도움이 되지 않을까요?

그렇습니다. 만일 그대가 이용할 수 있는 빛에 힘입어 계속 노력한다면, 그대는 구루를 만날 것입니다. 왜냐하면 구루가 그대를 찾고 있기 때문입니다.

***

모두가 신을 볼 수 있습니까?

그렇습니다.

저도 신을 볼 수 있습니까?

그렇습니다.

제가 신을 보도록 인도해 줄 분은 누구입니까? 저는 인도자가 필요합니까?

누가 그대를 라마나스라맘으로 인도하였습니까? 누구의 인도로 그대는 매일 세상을 봅니까? 그대 스스로 세상을 볼 수 있듯이, 그대가 진심으로 노력한다면 그대의 참나를 볼 수 있을 것입니다. 이 탐구에서 그대를 인도하는 것은 오직 그대의 참나입니다.

***

신지학회의 일원이었다가 나중에는 지두 크리슈나무르띠를 따르게 된 지나라자다사 여사가 질문했다.

베산트 여사가 계실 때, 우리는 스승들에 대해 명상하는 데 많은 시간을 들였습니다. 스승들이 정말로 도움이 됩니까?

제자가 자신을 몸이라고 여기는 한 스승들은 바깥에 존재합니다. 그 스승들은 제자가 자신에 대한 진리를 깨닫도록 가르치는 데 도움이 됩니다. 일단 제자가 자기 자신에 대한 진리를 경험하고 자신이 몸이라는 환영을 깨뜨리게 되면, 그는 스승들이 자신과 똑같은 존재, 즉 지고한 의식 또는 참나임을 깨닫게 됩니다. 만약 참나 바깥에 스승들이 있다고 한다면, 그들은 실재가 아닙니다. 참나와 스승, 신은 하나이며 동일하다는 것은 사실입니다.

* * *

갸니들과의 만남으로 얻는 좋은 효과는 갸니의 육체가 사라진 뒤에도 유지됩니까?

구루는 그의 몸이 아닙니다. 그러므로 몸의 생명이 끝난 뒤에도 그와의 만남은 계속 이어질 것입니다. 만일 갸니가 존재한다면, 그의 영향력은 직접적인 제자들뿐 아니라 모든 사람들에게 느껴지고 그들을 이롭게 할 것입니다.

* * *

삿구루의 표지는 무엇입니까?

늘 자신의 참나 안에 거주하는 것, 모든 존재를 평등한 눈으로 바라보는 것, 언제 어떤 상황에서도 흔들리지 않는 용기, 이것이 삿구루의 표지들입니다.

구루는 전수 등의 방법을 통해 우리가 참나를 알도록 돕습니까?

그대는 자신을 몸이라고 생각하기에, 구루도 몸을 가지고 있고 그리고 그대는 그가 느낄 수 있는 방식으로 일을 할 것이라고 생각합니다. 구루는 영적 영역에서 일하고 있습니다.

***

4.
라마나의 죽음 체험

❧

삿구루는 그 자신이 직접 체험한 진리를 가르친다. 이에 반해 보통의 구루들은 경전에 기록된 다른 사람들의 체험을 앵무새처럼 되풀이할 뿐이다. 라마나의 길을 걷고자 하는 이들에게는 라마나가 겪은 죽음의 체험이 매우 중요하다. 왜냐하면 그가 50년 넘게 영적으로 봉사하면서 구도자들과 함께 나눈 것은 바로 이것이기 때문이다.

그 체험을 편집한 내용이 라마나의 첫 번째 전기인 《참나 깨달음》에 기록되어 있다. 그 후 다른 저자들은 이 책을 참고하여 다음과 같이 묘사하였다.

죽음의 공포로 인한 충격으로 나는 즉시 내면을 성찰하게 되었습니다. 나는 속으로 말했습니다. "이제 죽음이 왔다. 그것은 무엇을 의미하는가? 죽는다는 것은 무엇인가? 이 몸이 죽는 것이다." 나는 즉시 죽은 것처럼 연기했습니다. 팔다리를 뻗었고, 마치 사후 마비가 온 것처럼 경직되게 하였습니다. 탐구에 현실감을 더하기 위하여 시체를 흉내 냈습니다. 숨을 멈추고 입을 다물었으며, 어떤 소리도 새어나가지 못하도록 입술을 꼭 붙였습니다. '나'라는 말이나 그 어떤 말도 새어나가지 않게 했습니다! 그리고 속으로 말했습니다. "자, 이제 이 몸은 죽었다. 뻣뻣해진 시체는 화장터로 운반되고, 거기에서 태워져 재로 변할 것이다. 하지만 이 몸이 죽으면 '나'도 함께 죽는가? 몸이 '나'인가? 이 몸은 말이 없고 스스로 움직이지 못한다. 하지만 몸과는 별개로, 나는 내 존재의 충만한 힘을 느끼고 심지어 내 안에서 '나'라는 소리까지 느낀다. 그러므로 '나'는 몸을 초월하는 존재인 영이다. 물질로 된 몸은 죽지만, 몸을 초월하는 영은 죽음이 미칠 수 없다. 그러므로 나는 죽음이 없는 영이다."

그러나 이 묘사는 몇 가지 중요한 요점을 놓치고 있다. 따라서 편집되지 않은 라마나의 설명을 이 책에 실었다. 이것은 보다 정확한 통찰을 줄 것이다.

라마나가 죽음의 공포에 완전히 사로잡혔을 때 무슨 일이 일어난 것일까? 우리가 어떤 감정에 완전히 사로잡혀 있을 때에는 오직 그 감정만 존재한다는 것을 우리는 경험으로 알 수 있다. 그때에는 모든 생각이 일시적으로 얼어 버린다. 라마나의 체험 역시 정신적인 것이 아니라 직관적인 것이었다. 하지만 앞서 인용한 글은 라마나에게 그의 진정한 존재 즉 '나'가 드러났다는 이유로 그 체험이 정신적인 과정이었다는 인상을 주고 있다. 또한 라마나는 죽음의 과정을 연기한 것이 아니었다. '그의 몸은 실제로 경직되었다.' 편집되지 않은 라마나의 설명을 읽어 보면, 그때에 실제로 일어난 일은 몸의 '죽음'이었으며 동시에 자신은 '몸이 경직되건 활동하건 상관없이 작용하는' 죽음이 없는 '에너지의 흐름'이라는 자각이었다는 것을 알 수 있다.

그 체험의 핵심은 현저하며 매우 분명하다. 그것은 참된 정체성의 드러남이다. 그의 관심의 초점은 오로지 주체, 참된 정체성의 탐구에 맞추어져 있었다. 이것은 주체인 '나'에 대한 직접적인 탐구이며, 그것은 우리를 참나 자각으로 인도한다.

모든 신비적 체험에서 계시는 개인의 의지에 의해 일어나지 않는다. 그것은 어떤 노력도 가능하지 않은 너머의 지점에서 일어난다. 라마나가 데바라자 무달리아르에게 "어떤 힘이, 아뜨만의 힘이든 다른 무엇이든, 내 안에서 일어나 나를 사로잡았습니다."라고 말한 것은 이 점을 분명히 밝힌 것이다.

* * *

스승님의 죽음 체험에 대해 설명해 주시겠습니까?

갑작스럽게 죽음의 공포가 일어났습니다. "나는 누구인가?"에 대한 실제적인 탐구와 확인 혹은 발견이 바로 그 날 이루어졌습니다. 본능적으로 나는 숨을 멈추고 나 자신의 본성을 탐구하며 생각하기 시작했습니다. 혹은 내면으로 뛰어들기 시작했습니다. "이 몸은 죽을 것이다." 나는 속으로 말했습니다. 내가 말하는 몸은 거친 육체를 가리킨 것이었습니다. 나는 인간 존재 안에(마음 등으로 이루어진) 숙슈마 사리라와 같은 것들이 있다는 얘기를 들어 본 적이 없었습니다. 나는 심지어 마음에 대해서도 생각하지 못했습니다. 몸이라고 말할 때 내가 생각한 것은 거친 육체였습니다.

그래서 몸이 죽어 경직되었을 때(그 당시 내가 보기에 내 몸은 실제로 뻣뻣하게 굳어 있었다. 마치 내가 미리 계획하여 사후 경직된 시체처럼 팔다리를 뻗은 것 같았다.), 나는 죽지 않았다는 결론에 이르렀습니다. 다른 한편으로 나는 살아 있음을, 존재하고 있음을 의식했습니다.

그러자 의문이 일어났습니다. 이 '나'는 무엇인가? 사람들이 '나'라고 부르는 것은 이 몸인가?" 그래서 나는 입을 다물고, '나' 혹은 어떤 소리도 내지 않기로 결심했습니다. 여전히 내 안에 '나'가 있고, 그 소리가 있고, 자신을 '나'라고 부르고 느끼는 그것이 있다는 것이 느껴졌습니다.

그것이 무엇인가? 내가 느끼기에 그것은 힘 혹은 흐름이었고, 몸에서 작용하는 에너지의 중심이었습니다. 그것은 몸과 연관되어 존재하고 있었지만, 몸의 경직 혹은 활동과 상관없이 작용하고 있었습니다. 나를 구성하고 있는 것, 나를 움직이고 활동하게 하는 것은 바로 그 흐름, 힘 혹은 중심이었습니다. 나는 그때에야 비로소 그것을 알 수 있었습니다. 그 일이 있기 전에는 나 자신에 대해 아무것도 몰랐습니다. 그런 결론에 이르자마자 죽음의 공포가 사라졌습니다. 그것이 내 생각 속에 존재할 곳은 없었습니다. 미묘한 흐름인 '나'에게는 두려워할 죽음이 없었습니다. 그래서 그 후의 전개와 행위는 어떤 두려움이 아니라 새로운 생명에서 나오고 있었습니다.

그 당시 나는 그 흐름이 무엇인지, 그 전까지 내가 이슈바라라고 부르던 인격적인 신과 그것의 관계가 무엇인지를 전혀 알지 못했습니다. 또한 비인격적 절대자인 브람만에 대해서도 아는 바가 없었다. 브람만이라는 이름을 들어 본 적도 없었습니다. 《바가바드 기따》나 다른 경전들도 읽은 적이 없었습니다. 내가 읽은 종교 서적이라고는 《뻬리아뿌라남》과 《성경(4복음서, 시편)》이 전부였습니다. 삼촌에게 비베까난다의 시카고 강연집이 있었지만, 그저 보기만 했을 뿐 읽어 보지는 않았습니다. 그 스와미의 이름조차도 정확히 발음하지 못해, 비베까난다를 뷔베까난드라고 불렀습니다. 종교 철학에 대해서도 무지했습니다. 내가 알고 있던 개념이라고는 신에 대한 일반적인 개념, 즉 그분은 전능한 인격신이며, 그분을 나타내는 형상으로 특별한 장소에서 숭배되고 있지만 실은 어디에나 계신 분이라는 것, 그리고 성경과 《뻬리아뿌라남》에서 읽은 몇몇 개념들뿐이었습니다.

그 후 아루나짤라 사원에 있을 때, 나는 나 자신이 브람만이라는 것을 알게 되었고, 나중에는 모든 존재의 바탕이라고 《리부 기따》에 쓰여 있는 절대자 브람만임을 알게 되었다. 나는 모든 것이 나에 의해서가 아니라 그 흐름에 의해 이루어지고 있다고 느낄 뿐이었습니다. 집을 떠나며 쪽지를 남긴 뒤로 나는 그 흐름을 협소한 '나'로 여기지 않게 되었습니다. 그 흐름 즉 아베삼^{Avesam}은 이제나 자신으로 느껴졌으며, 내 위에 덧씌워진 어떤 것으로 느껴지지 않았습니다. 그 깨어남 이후로 나 자신이 흐름, 힘, 혹은 아베삼이라는 자각과 느낌은 한결같이 지속되었습니다. 그리고 책을 읽고 있건 걷고 있건 말을 하고 있건 휴식을 취하고 있건 무엇을 하건 나는 끊임없이 그것에 몰입되어 있었습니다.

＊ ＊ ＊

5.
자연스러운 상태

　

우리는 자신이 무엇을 향하여 일하고 있는지를 분명히 알아야 한다. 사다나(수행)는 무엇을 위한 것인가? 영적 수행의 목적은 무엇인가? 많은 대답들이 주어질 수 있다. 하지만 이런 대답들의 공통적인 요소들은 마음의 평화와 행복을 찾고 있다는 점일 것이다. 편안한 휴식과 행복이 우리의 본성이 아니라면 우리가 그것을 찾겠느냐고 라마나는 묻는다. 만약 우리가 본래 불안하고 불행한 존재라면, 그 상태에서 벗어나려 하는 대신 그것을 불가피한 운명이라 받아들이고 감수하려 하지 않겠는가? 그러므로 행복과 고요한 마음은 우리의 본래 성품이며 자연적인 것이다.

만약 우리의 경험이 그렇지 않다면, 그것은 이 진리를 깨닫지 못하도록 방해하는 요인들이 있기 때문이다. 우리가 영적 영역에서 기울이는 모든 노력은 본연의 기쁨과 그 상태에 본래 갖추어져 있는 성품을 깨닫지 못하게 방해하는 이런 장애물들을 없애기 위한 것이다.

라마나는 우리의 삶에서 지고한 의무는 자기 본연의 희열을 깨닫는 것이라고 말한다. 그가 끊임없이 가르친 나 탐구는 이 상태를 발견하는 곧은길이다.

* * *

대상들이 감지될 때에도 자각이 확고할 때, 이 상태를 자연스러운 상태라고 합니다.

* * *

가나빠띠 무니가 질문했다.

완전한 지식인은 자신이 그러하다는 것을 어떻게 압니까? 자신의 지식이 완전하다는 것을 자각하기 때문입니까? 아니면 대상에 대한 자각이 멈추기 때문입니까?

확고한 자연스러운 상태에서는, 모든 습성들로부터 자유로운 마음의 고요를 통해서, 아는 자는 자신이 그러하다는 것을 어떠한 의심도 없이 압니다.

* * *

가나빠띠 무니가 물었다.

진리를 찾는 구도자가 경전들을 비판적으로 탐구한다면, 그것만으로도 지식을 얻기에 충분합니까?

비판적으로 경전들을 탐구하는 것만으로는 구도자를 해방시키지 못합니다. '우빠사나' 즉 영적 수행이 없이는 지식에 이를 수 없습니다. 이것은 확실합니다. 영적 수행을 하는 동안 자연스러운 상태를 경험하는 것을 '우빠사나'라고 부릅니다. 그것이 동요하지 않고 확고해질 때, 이것을 지식이라 합니다.

* * *

보세라는 사람이 물었다.

무엇이 죽음입니까?

자신의 진정한 본성을 망각하는 것이 죽음입니다.

* * *

저는 마음의 평화를 찾을 수 없습니다. 그 평화를 찾기 위해 히말라야로 가고자 합니다.

그대는 마두라이로부터 250마일을 여행하여 여기에 왔습니다. 마음이 얼마나 고요해졌습니까? 여기에서 히말라야까지의 거리에 그것을 곱해 보십시오. 그것이 그대가 그곳에 도착하여 얻게 될 행복일 것입니다. 평화는 그대의 진정한 본성이라는 것을 잊지 마십시오.

* * *

한번은 라마스와미 삘라이가 열쇠를 찾고 있었다. 얼마 후 그는 열쇠를 찾았다.

열쇠는 늘 놓아두는 장소에 있었습니다. 그것은 잃어버린 것이 아니었습니다. 단지 그것을 놓아둔 곳을 기억하지 못하였을 뿐입니다. 참나는 모든 곳에 있습니다. 이것을 알아차리지 못하는 까닭은 우리의 진정한 본성을 망각했기 때문입니다. 그래서 우리는 그것을 계속 찾고 있습니다.

* * *

자연스러운 상태에 존재하는 이가 활동적일 수 있습니까?

무지한 방관자에게는 자연스러운 상태에 있는 이도 행위에 관계하는 것처럼 보입니다. 그러나 그는 어떤 행위도 행하고 있지 않습니다.

    그가 행위 하는 것처럼 보이는 것은 방관자의 관점에서 바라보기 때문입니다. 만약 그 방관자도 자연스러운 상태에 있다면 그런 불필요한 질문이 일어나지 않을 것입니다. 그런 의심은 그 사람이 자연스러운 상태를 경험할 때까지 지속될 것입니다. 그것은 들어서 알 수 있는 문제가 아닙니다. 그 상태에 있으려면 고요히 있어야 합니다.

※ ※ ※

    그대의 진정한 본성을 망각하는 것이 진정한 죽음입니다. 그것을 기억하는 것이 진정한 탄생입니다. 그것은 끝없이 이어지는 탄생을 끝냅니다. 그러면 그대의 삶은 영원한 삶입니다.

※ ※ ※

    참나 안에 머무는 마음은 자연스러운 상태에 있지만, 마음은 그 대신에 바깥 대상들에 머뭅니다.

※ ※ ※

    저는 부와 권세가 있고 물질에 부족함이 없지만 평화를 찾을 수 없습니다.

왜 평화를 원합니까? 왜 있는 그대로 존재하지 못합니까?

그렇지 않으면 행복하지 않기 때문입니다.

그것은 이와 같습니다. 두통에 시달리는 사람은 알맞은 약을 먹고 병을 치유하기까지는 편안히 쉬지 못할 것입니다. 우리의 본성은 질병이 아니라 건강이기 때문입니다. 마찬가지로 평화는 우리의 본성입니다. 우리는 진실로 평화입니다. 우리는 그것을 잊고서 외부의 근원에서 평화를 찾습니다. 그러나 그렇게 해서는 찾을 수 없기 때문에 이 모든 문제들이 생기는 것입니다. 마음을 외부 대상에서 거두어들여 내면으로 돌리는 순간, 그대는 진정한 평화를 맛보고 행복을 느끼게 될 것입니다.

* * *

6.
행 복

근본적인 질문이 있다. 행복은 안에 있는가, 아니면 대상들과의 접촉이나 관계 혹은 생각과 같은 것들에서 나오는가? 현재 우리의 행복은 바깥을 향하는 마음을 통하여, 감각의 접촉을 통하여 온다. 그런 행복의 걸림돌은 그것이 결코 한결같거나 지속적이지 않다는 것이다. 행복의 뒤에는 고통이 따른다. 왜냐하면 그 행복은 상황과 연결되어 있고, 우리가 늘 좋다 혹은 나쁘다고 평가하는 사건들과 연결되어 있기 때문이다. 그런데 기쁨 또는 희열이라고 불리는 다른 차원의 행복이 있으며, 여기에는 걸림돌이 없다. 라마나는 그것을 본연의 행복이라고 부른다. 그것은 우리의 본성이기 때문이다. 그렇지 않다면 우리는 그것을 찾으려 하지 않을 것이다.

여기에서 의문이 생길 것이다. 만약 행복이 본연적이라면, 왜 우리는 늘 그것을 느끼지 못하는가? 그것은 우리가 마음을 내면으로 돌리지 못하고 그리고 마음의 근원인 영적 가슴에 확고히 머물지 못하기 때문이다. 희열은 그 가슴에서 흘러나오며, 우리는 가슴의 입구를 열어야 한다. 라마나가 제시한 이 방법은 주체인 '나'에 관심을 둠으로써, 그것이 가슴의 자장 속으로 이끌려 들어 갈 때까지 내면으로 밀어붙이는 것이다.

* * *

행복은 사람의 본성이 아닙니까? 즉 외부의 어떤 것도 그를 방해하지 않는다면 그는 행복하지 않겠습니까?

그렇습니다.

그렇다면 사람의 본성은 행복이라고 말해야 하지 않겠습니까?

그럴 것입니다. 하지만 아직도 의심이 있어 그렇게 말하기가 조금 망설여집니다.

그대의 경험이 그 의심을 없앨 수 있는데도, 왜 그대는 의심을 품고 있습니까?

스와미지, 제가 무슨 경험을 하고 있다는 말씀인지요?

그대는 그대 자신을 경험하지 않습니까?

희미하게 경험합니다. 하지만 제가 제 자신을 생각할 때, 그것은 늘 다른 많은 외부의 것들과 산만한 생각들과 관련되어 있습니다. 제 자신을 분명히 알기가 힘듭니다.

그대는 이러한 외부의 것들과 산만한 생각들로부터 언제든지 자신을 자유롭게 하지 못합니까?

그러려고 노력했습니다.

왜 노력해야 합니까? 그대는 그것들로부터 자유로운 그대 자신을 날마다 발견하지 않습니까?

제 자신이 그것들로부터 자유로운 것을 본 적이 없습니다.

그대는 깨어있는 상태를 이야기하고 있습니다. 그렇지 않습니까?

그렇습니다.

잠자는 동안 그대의 상태는 어떠합니까?

저는 잠을 잡니다. 하지만 강렬했던 몇몇 꿈 말고는 무엇을 기억할 수 있겠습니까?

나는 꿈을 꾸며 자는 상태를 가리키는 것이 아닙니다. 그것은 깨어 있는 상태의 모사 혹은 약한 메아리일 뿐입니다. 나는 꿈이 없는 잠을 말하고 있습니다. 꿈 없는 잠을 잔적은 없습니까?

매일 밤 그런 잠을 잡니다.

그렇다면 그 상태에 있을 때, 그대는 외부의 것들과 그것들에 대한 산만한 생각들로부터 자유롭지 않습니까?

모르겠습니다. 잠에서 깨었을 때는 그 상태에 대해 아무것도 기억하지 못합니다.

잠에서 깨어날 때 그대는 꿈 없는 잠의 상태가 고통스러웠다거나 산만한 생각들로 어수선했다고 느끼며 깨어납니까?

아니오, 물론 아닙니다.

그대는 방해받지 않고 기분 좋게 잘 잤다고 느끼며 깨어나지 않습니까?

그렇습니다.

꿈 없는 잠을 자는 동안, 그 기분 좋고 방해받지 않은 휴식을 즐긴 자는 누구입니까?

제 자신이 그것을 즐겼습니다.

그때 외부의 것과 산만한 생각이 그대에게 있었습니까?

아닙니다.

그렇다면 그대는 외부의 것과 산만한 생각에서 자유로운 자신을 매일 경험한다는 말입니다. 그리고 그대는 그것을 즐겁고 유쾌하게 느낍니다. 그렇지 않습니까?

그렇습니다.

이것은 그대 참나의 본성이 행복이라는 것을 나타내는 좋은 근거가 아닙니까?

예, 그런 것 같습니다.

*＊＊

우리는 때때로 행복을 느끼지만, 일들이 기대에 미치지 못하면 우리는 불행합니다. 결국 행복은 덧없이 지나갑니다.

왜 그대가 불행하게 느껴야 합니까? 그대는 오직 몸과 마음으로부터 오는 행복만을 기대합니까? 그대는 행복이 지속되지 않는다고 말합니다. 영원한 행복을 위한 유일한 길은 참나를 아는 것뿐입니다. 그러면 진리가 그대의 가슴으로부터 태양처럼 빛날 것입니다. 마음에는 괴로움이 없을 것이며, 진정한 행복이 마음에 넘쳐흐를 것입니다. 참나는 행복입니다.

상황이 좋지 않을 때는 마음을 진정시키기가 너무 힘듭니다.

마음에 상대적인 행복과 불행을 느끼는 것은 영적 진리에 대한 완전한 무지에서 비롯됩니다. 사람의 참된 본성은 타고난 행복입니다. 행복을 추구하는 것은 무의식적으로 참나를 추구하는 것입니다. 마침내 그는 이미 여기에 있는 것을 찾게 됩니다. 이 행복, 희열은 끝이 없습니다. 그것은 영원합니다.

***

경전에는 각각의 행복 혹은 즐거움이 다른 종류의 그것들에 대해 갖는 비율을 보여 주는 목록이 기록되어 있는데, 이 깨달음은 그 시리즈 가운데 12번째 것입니다. 이것은 이 깨달음이 상대적인 것이라는 것을 보여 주는 것 아닙니까? 그것은 한 사람이 느끼는 행복의 수천억 곱절일 뿐입니다. 이것을 절대적인 행복이라고 말할 수 있겠습니까?

주석가들은 그것 또한 근사 값일 뿐이라고 얘기합니다. 여기에서 말하고자 하는 바는 한 사람의 행복에 비교해 볼 때 깨달음의 상태는 무한한 행복이라는 것입니다. 하나와 무한을 비교할 수는 없습니다. 그 무한자는 절대자이며, 행복이나 지식, 힘 등의 관점에서도 역시 절대입니다.

✽ ✽ ✽

7. 가슴

　

　

라마나의 '죽음 체험'에서 핵심은 자신의 참된 정체성이 '에너지의 흐름'임을 깨달았다는 점이다. 이 흐름은 '비록 몸과 연결되어 일어나지만' 스스로 존재한다. 그는 직관적으로 이 존재감이 가슴 중앙의 오른쪽에 위치하는 것으로 느끼고, 그것을 '영적 가슴'이라고 불렀다. 훗날 그는 자신이 직접 체험한 내용이 경전에도 기술되어 있음을 발견했다. 그는 이 근원적인 에너지의 원천을 직접 발견한 까닭에 이 에너지가 나디^{nadi}라고 불리는 의식의 경로를 통해 어떻게 흐르는지를 자세하게 설명하고 있다. 우선, 이 영적 가슴의 에너지는 마음에 반영된다. 그 다음에는 몸의 여러 부분들로 퍼진다. 따라서 마음과 몸은 가슴에 의존하는 2차적, 3차적 에너지 원천들이다. 이 가슴을 알지 못하는 사람은 마음이 스스로 빛을 발한다고 오해하여 마음을 자기 자신으로 믿을 것이다. 혹은 역시 독자적인 생명을 가진 것으로 보이는 몸을 자기 자신으로 믿을 수도 있다.

라마나는 이것을 불 속에서 벌겋게 달구어진 쇠막대기에 비유하여 설명한다. 쇠막대기는 불 속에서 뜨겁게 달구어지며 불의 성질을 얻지만, 불이 사라지면 곧 식어 버릴 것이다. 의식 또는 에너지가 마음과 몸 안에 있는 것은 단지 몸이 마음과 연결되어 있고 마음이 다시 가슴과 연결되어 있기 때문이다. 마음과 몸에는 영적 가슴의 반사된 의식이 있는 것이다. 영적 가슴만이 태양처럼 스스로 빛을 발한다.

라마나가 지적한 또 하나 중요한 점은 모든 생각들이 오직 이 영적 가슴에서 나온다는 것이다. 생각들은 여기에서 씨앗의 형태로 묻혀 있다가 알맞은 상황을 만나 싹을 틔우기를 기다리고 있다. 그러므로 영적 가슴은 충만한 의식 또는 에너지이며, 동시에 모든 생각들이 일어나는 곳이다. 나중에 '자기 탐구'의 장이나 다른 관련 장들에서 볼 수 있겠지만, 이것은 영적 수행에 광범위한 영향을 미친다. 모든 수행의 목표가 근원으로 돌아가는 것이라는 점은 분명하다. 호흡이나 소리의 근원, 혹은 핵심적인 '나 생각'에 꾸준히 주의를 기울이면, 마음이 안으로 들어가 그 근원인 가슴 속에 잠길 것이다. 마음은 점점 정화되고, 점점 더 왜곡 없이 의식을 반영할 것이다. 목적지에 도달할 때, 마음은 순수할 것이며 어떤 오염도 없이 의식을 반영할 것이다. 행위는 완전할 것이며, 존재의 희열을 늘 자각할 것이다. 이것이 경험되는 방식에 대해서는 '나-나 경험'의 장을 참조하기 바란다.

또 한 가지 점을 설명할 필요가 있다. 충만한 의식 또는 모든 곳에 가득 찬 에너지의 위치를 몸의 특정한 곳에 두는 데 대한 의구심이 있을 수 있다. 라마나는 우리가 자신을 몸과 동일시하기 때문에 의식의 근원이 몸 안에 위치하게 된다고 설명했다. 진리에 눈을 뜨기 시작할 때 비로소 안과 바깥에 대한 모든 구분이 그치게 된다.

✷ ✷ ✷

1917년 8월 9일, 라마나 마하리쉬는 영적 가슴에 대하여 상세히 설명하였다.

몸을 가진 존재들의 모든 생각은 영적 가슴에서 나옵니다. 그 가슴에 관한 묘사는 마음의 개념들에 불과합니다.

한마디로 '나-생각'은 모든 생각의 근원입니다. '나-생각'의 근원은 가슴입니다.

이 가슴은 우리 몸에서 피를 뿜어내는 기관이 아닙니다. 이 가슴을 뜻하는 흐리다얌은 "이것이 중심이다."라는 뜻입니다. 따라서 이것은 참나를 나타냅니다.

이 가슴의 위치는 가슴의 오른쪽이며 왼쪽이 아닙니다. 의식의 빛은 이 가슴에서 나와 수슘나[6]를 통해 사하스라라^{Sahasrara}로 흐릅니다.

의식은 사하스라라로부터 온몸으로 퍼지며, 그 뒤에 세상에 대한 경험이 일어납니다. 자신을 그 의식과 별개의 것으로 봄으로써 인간은 탄생과 죽음의 순환에 사로잡힙니다.

참나에 거주하는 자의 사하스라라는 오직 순수한 빛입니다. 그것에 다가가는 어떤 생각도 살아남지 못합니다.

대상들이 가까이 있어 지각된다 해도, 마음은 다름을 보지 않기 때문에 요가(하나임)는 방해받지 않습니다.

대상이 감지될 때에도 자각이 확고한 상태를 자연스러운 상태라 부릅니다. 니르비깔빠 사마디 상태에서는 대상에 대한 지각이 없습니다.

온 우주가 몸 안에 있으며, 온몸은 영적 가슴 안에 있습니다. 그러므로 우주는 영적 가슴 속에 있습니다.

우주는 마음 안에 있을 뿐이며, 마음은 바로 영적 가슴입니다.

---

[6] 가슴에서 사하스라라로 가는 통로. 이 통로를 아뜨마 나디, 암리따 나디, 브람만 나디라고도 함.

그러므로 우주의 모든 역사는 영적 가슴 안에서 정점에 이릅니다.

태양이 달에게 빛을 주듯이, 영적 가슴은 마음을 비춥니다.

태양이 지고 밤이 되면 달빛만 보이듯이, 영적 가슴 안에 거하지 않는 사람은 마음만을 보게 됩니다.

의식의 진정한 근원이 자신의 참나임을 깨닫지 못하고, 대상들이 자신과 분리되어 있다고 마음으로 지각하는 무지한 사람들은 망상에 빠져 있습니다.

가슴에 거주하는 아는 자의 마음은 한낮의 햇빛 속 달빛처럼 영적 가슴의 의식에 녹아들어있습니다.

지성을 뜻하는 쁘라갸나^{Prajnana}의 글자 뜻은 마음이지만, 현자는 이 말의 본질적인 의미가 영적 가슴임을 압니다. 지고한 존재는 영적 가슴입니다.

보는 자와 보이는 것의 차이는 마음속에서만 존재합니다. 영적 가슴에 거주하는 자들에게는 이 지각이 나뉘지 않으며 하나입니다.

기절이나 수면, 지나친 즐거움 또는 슬픔, 두려움 등으로 인해 생각이 강제로 멈출 때, 마음은 자기의 근원인 영적 가슴으로 되돌아갑니다.

이러한 몰입은 무의식중에 일어나므로 그는 이것을 알아차리지 못합니다. 이와 달리 의식하며 영적 가슴으로 들어갈 때, 그것을 사마디라고 합니다. 그러므로 이름에 차이가 있습니다.

***

여섯 아다라^{adhara}들을 언급하셨습니다. 지바(개별 영혼)는 영적 가슴 안에 거주합니까?

그렇습니다. 지바는 깊은 잠을 잘 때는 영적 가슴 속에, 깨어 있을 때는 뇌 속에 머무르는 것으로 알려져 있습니다. 여기에서 말하는 영적 가슴은 피를 내보내는 네 개의 심실로 이루어진 육체의 심장이 아닙니다. 경전에서 말하는 영적 가슴은 '나'라는 개념이 일어나는 곳을 말합니다. 그것은 우리 안에서, 즉 가슴의 중앙 오른쪽 어디에선가 생겨납니다. 그러나 사실은 '나'가 특정한 어디에 있는 것은 아닙니다. 그것은 모든 것입니다. 그것 외에는 아무것도 없습니다. 그러므로 그 가슴은 '나'라고 여겨지는 우리의 온몸과 온 우주라고 말할 수 있습니다. 그렇지만 영적 구도자의 수행을 위해 우리는 우주 또는 몸의 특정한 한 곳을 가리킬 필요가 있다. 그래서 이 영적 가슴이 참나의 자리로 지적됩니다.

✳ ✳ ✳

그렇다면 속박되어 있는 사람과 해방된 사람 사이에는 어떤 차이가 있습니까?

영적 가슴에서부터 힘의 자리인 사하스라라까지 이어지는 미묘한 경로가 있습니다. 보통 사람들은 영적 가슴 속에 있는 자기 자신을 깨닫지 못한 채 머릿속에서 살고 있습니다. 하지만 갸나 싯다는 영적 가슴 속에서 살고 있습니다. 그는 돌아다니거나 사람 또는 사물과 관계할 때에도 자신이 보는 것들이 하나의 실재와 분리되어 있지 않음을 압니다.

보통의 사람들은 어떠합니까?

방금 얘기했듯이 그는 사물을 자기 바깥에 있는 것으로 봅니다. 그는 세상으로부터, 자신의 깊은 진리로부터 분리되어 있으며, 자신을 지탱시키는 것 그리고 자신이 보는 것으로부터 분리되어 있습니다. 자기 존재의 진리를 깨달은 사람은 자신의 뒤에, 세상의 뒤에 하나의 실재가 있음을 깨닫습니다. 사실, 그는 그 하나를 실재로서, 모든 자아들 안에 있는, 모든 사물들 안에 있는 참나로서, 덧없고 변하는 모든 것 안에 있는 영원하고 불변하는 그것으로서 알고 있습니다.

알겠습니다. 그런데 의구심이 하나 더 있습니다.

그것이 무엇입니까?

스승님께서는 영적 가슴이 개별 자아의 중심이며 또한 진실한 참나라고 말씀하셨습니다.

그렇습니다. 영적 가슴은 자아의 중심입니다. 그러나 이 자아는 일시적입니다. 다른 모든 것들처럼 자아 역시 영적 가슴 중심에 의해 지탱되고 있습니다. 하지만 이 자아는 영혼과 물질을 연결하는 고리입니다. 그것은 매듭이며, 사람들이 빠져 있는 근본적인 무지의 매듭입니다. 적절한 수단으로 이 매듭을 완전히 잘라 버릴 때, 그대는 이 중심을 발견할 것입니다.

스승님께서는 이 중심에서 사하스라라까지 연결된 이동 경로가 있다고 말씀하셨습니다.

그렇습니다. 속박되어 있는 사람들에게는 이 통로가 닫혀 있지만, 자아의 매듭을 잘라 버린 사람들에게는 암리따 나디라고 하는 힘의 흐름이 일어나서, 머리의 왕관인 사하스라라를 향해 상승하게 됩니다.

이 통로가 수슘나입니까?

아닙니다. 이것은 해방의 통로입니다. 이것은 아뜨마 나디, 브람만 나디, 또는 암리따 나디라고 불립니다. 우빠니샤드에서 말하는 나디는 이것입니다. 이 통로가 열릴 때, 그대의 무지는 그칩니다. 그대는 얘기하거나 생각하거나 어떤 일을 할 때에도, 혹은 사람이나 사물과 관계하고 있을 때에도 진리를 알고 있습니다.

* * *

만약 참나의 위치를 몸의 어떤 장소에 고정시킨다면, 무한하며 어디에나 현존하는 참나를 유한한 것으로 한정하는 셈이 되지 않겠습니까? 만약 참나가 육체 안의 영적 가슴에 있다고 한다면, 육체에 적용될 수 있는 시간과 공간이라는 범주가 참나에게도 적용되지 않겠습니까?

슈리 라마도 바시슈따에게 이와 비슷한 질문을 한 적이 있습니다. 바시슈따는 두 종류의 가슴이 있다고 말합니다. 하나는 어디에나 현존하며 '받아들여야 하는' 가슴이고, 다른 하나는 시간에 한정되며 '거부해야 하는' 심장입니다. 어디에나 현존하는 가슴은 안에도 밖에도 있으며, "나는 몸이다."라는 생각이 사라지면 그것은 안에도 밖에도 있지 않습니다.

두 눈썹 사이의 지점에 주의를 집중하는 명상은 괜찮습니까?

영적 가슴이라는 중심이 있는데, 왜 그곳으로 곧장 가지 않고 다른 중심을 거쳐서 가야 합니까? 쩬나이에서 띠루반나말라이로 가려는데, 왜 바라나시까지 먼 길을 올라갔다가 다시 내려와야 합니까? 왜 곧장 가지 않습니까?

* * *

1915년, 라마나의 박식하고 열렬한 추종자인 자가디스와라 샤스뜨리는 '가슴 동굴의 중심에서'라는 뜻으로 흐리디야 꾸하라 마디에라는 구절을 쓴 뒤, 라마나에게 문장을 완성해 달라고 부탁했다. 완성된 구절은 다음과 같다.

가슴 동굴의 중심에서 브람만이 홀로 빛납니다. 참나는 그렇게 '나-나'로서 직접 체험됩니다. 자기 탐구를 통하여 혹은 호흡을 조절하여 그 가슴 속으로 녹아 들어가십시오. 그리고 '그것'으로서 뿌리를 내리십시오.

* * *

영적 가슴의 위치는 어디입니까?

현자들의 증언에 따르면, 그 가슴은 영적 체험의 중심입니다. 그대가 영적 가슴의 위치를 묻는 까닭은 자신이 몸으로 존재한다는 것을 받아들이기 때문입니다. 이런 관점에서는 그 위치가 육체에 있다고 하는 것이 진실입니다. 여기에서 암시하는 바는 그대의 정체성과 관련된 가슴의 위치입니다.

  그대는 참된 의식을 찾고 있습니다. 어디에서 그것을 찾을 수 있겠습니까? 그것을 자기의 바깥에서 찾을 수 있겠습니까? 그대는 안에서 찾아야 합니다. 그러므로 그대의 내면을 향하십시오. 영적 가슴은 자각 혹은 의식 그 자체의 자리입니다.

✳ ✳ ✳

8.
의식의 흐름

의식의 근원은 가슴의 오른쪽에 있는 영적 가슴 안에 있다. 몸과 마음은 자력으로 움직이지 못한다. 하지만 감정을 느낄 때, 우리는 그것들이 스스로 생겨난다고 생각한다. 사실은 의식이 먼저 영적 가슴에서 마음으로 흐르고, 그곳에서 다시 온몸으로 퍼지기 때문에 감정들을 느끼는 것이다. 라마나는 《라마나 기따》에 기록된 가나빠띠 무니 그리고 다른 구도자들과의 대화에서 이 작용 원리를 설명하였다. '나디'라는 통로가 있는데, 의식은 그것을 통하여 흐른다.

라마나는 "나는 무엇이다."라고 하는 핵심적인 '나 생각'은 두 부분으로 이루어져 있다고 밝혔다. 의식인 '나' $^{\text{I am}}$가 한 부분이며, 지각 능력이 없는 대상인 '무엇'이 다른 한 부분이다. '나'는 자기의 근원인 의식과, 자기와 관련되는 물질을 연결하는 다리의 역할을 한다. 그래서 '나'는 물질과 영혼을 묶는 매듭이라는 뜻의 '그란띠'

라고도 불린다. 참나를 깨닫기 시작할 때 이 매듭은 잘린다. 마음은 의식의 근원 속에 잠겨있기 때문이다.

* * *

영적 가슴의 위치는 가슴의 오른쪽이며 왼쪽이 아닙니다. 의식의 빛은 이 영적 가슴에서 나와 수슘나 경로를 통해 사하스라라로 흐릅니다. 의식은 사하스라라로부터 온몸으로 퍼지며, 그 뒤에 세상에 대한 경험이 일어납니다.

* * *

지식이 풍부한 사람들도 매듭을 자르는 것에 대해서는 분명히 알지 못합니다. 그것이 무엇입니까?

광채를 발하는 바가반 라마나 마하리쉬는 가나빠띠 무니의 이 질문을 듣고서 잠시 묵묵히 있다가 거룩한 음성으로 대답하였다.

그 매듭은 참나와 몸을 연결하는 고리입니다. 몸에 대한 자각이 일어나는 것은 이 연결 고리 때문입니다. 몸은 물질이고, 참나는 의식입니다. 둘 사이를 연결하는 고리는 지성을 통하여 추론됩니다. 눈에 보이지 않는 전기의 흐름이 눈에 보이는 전선을 통해 흘러가듯이, 의식의 불꽃은 몸속의 다양한 경로를 통하여 흐릅니다.

사람들이 자신의 몸을 자각하는 것은 의식의 퍼짐 때문입니다. 현자들은 영적 가슴이 이러한 발산의 중심이라고 말합니다. 의식이 흐르는 경로는 수슘나라고 합니다. 그것은 아뜨마 나디, 쁘라나 나디, 그리고 암리따 나디라고도 불립니다. 의식이 몸 전체에 가득하므로 사람들은 몸에 집착하여 몸을 참나로 여기고, 세상이 자신과 분리되어 있는 것으로 봅니다.

마치 벌겋게 달구어진 쇠공이 불로 만들어진 공처럼 보이듯이, 자기 탐구를 통해 참나 안에 거주하는 사람의 몸은 눈부시게 빛납니다. 몸 마음 복합체와 관련된 잠재적 습성들은 소멸되었습니다. 몸 의식이 없기 때문에 행위자 의식도 존재하지 않습니다. 매듭이 잘린 사람은 결코 다시는 얽매이지 않을 것입니다. 그 상태는 지고한 힘과 평화의 상태입니다. 무지한 사람에게는 이름과 모양이 빛나듯이 매듭을 자른 사람에게는 오직 참나만이 안에서, 밖에서, 모든 곳에서 홀로 빛납니다.

***

9.
마음

모두들 마음의 평화를 찾고 있으며 끊임없는 생각의 압박에서 벗어나고 싶다고 말한다. 또한 마음은 가만히 있지를 못하며, 원치 않는 생각들이 제멋대로 끼어들어 산란하게 한다고 불평한다. 그러나 마음이 무엇인지를 이해하지 못한다면, 마음을 다스리는 문제는 계속 문제로 남을 것이다. 라마나는 마음에 대해 심오하고 상세하게 설명을 하고 있어, 우리로 하여금 마음이 무엇인지를 분명히 간파하게 한다.

우리의 첫 번째 오해이자 근본적인 잘못은 마음을 분리되어 있는 별개의 실체로 여기는 것이다. 사실 마음은 "나는 무엇이다."라는 생각을 중심으로 하는 생각들의 집합에 불과하다. 첫째로 그리고 유일하게 중요한 생각은 자신이 개별 존재라는 이 관념이다. 왜 그런가? 다른 생각들 사이에는 본질적인 상관관계가 없지만, 모든 생각들은 '나 생각'과 본질이고 평등하게 관련되어 있다고 라마나는 말하고 있기 때문이다. 특정한 때에 하나의 생각이 떠오르는 것은 오직 개인이 관심을 주기 때문이다. 그런 관심을 주지 않는다면, 그 생각도 역시 사라질 것이다. 이 점으로 미루어 무엇을 알 수 있는가? "나는 무엇이다."라는 생각에만 관심을 기울이면 그것으로 충분하다는 것이다. 우리는 다른 생각들에 관심을 줌으로써 산란해질 필요가 없으며 그렇게 해서도 안 된다.

이 점을 분명히 이해한다면, 오직 핵심 생각에만 관심을 집중해야 한다. 이 핵심 생각은 두 부분으로 이루어져 있다. 하나는 의식인 '나'$^{I\,am}$라는 부분이며, 다른 하나는 여기에 덧붙여진 '무엇'이라는 부분이다. 여기에서 다시 우리는 마음의 의식적인 측면을 조사해야 한다. 마음의 근원, 영적 가슴으로 돌아가는 연결 고리는 바로 이것이기 때문이다. 라마나는 근원을 찾아가는 자세를 개와 비교하였다. 개들이 오직 주인의 냄새에만 관심을 집중하여 주인을 찾아가듯이, 우리도 의식의 냄새가 배어 있는 마음을 통하여 의식을 찾아갈 수 있다. 마음속에 있는 의식의 흔적을 잃지 않음으로써 의식을 찾아낼 수 있다. 마음의 핵심에 관심을 모으면, 그 핵심은 안으로 되돌아가 가슴 안에서 쉴 것이다.

✱ ✱ ✱

마음이 무엇입니까? 만약 마음을 찾아본다면, 마음이라고 하는 분리된 실체는 없을 것입니다.

***

마음은 생각의 다발입니다. 그것들은 '나 생각'에 의지합니다. '나 생각'이 마음임을 아십시오.

***

몸은 지각할 수 있는 능력이 없습니다. 참나는 일어나지 않습니다. 몸의 한계 안에서 몸과 참나 사이에 '나'가 일어납니다. 우리는 그것을 자아, 물질과 영을 묶는 매듭, 굴레, 미묘한 몸, 마음이라고 부릅니다.

***

마음은 형상들에서 생겨나고 형상들에 뿌리를 두고 있습니다. 마음은 형상들에 의지하여 살아가지만, 마음 자체는 형상이 없습니다.

***

부디 저의 마음을 없애 주십시오.

마음이라는 것이 있습니까? 만약 있다면 어떤 모양으로 생겼습니까? 턱수염이나 콧수염이 있습니까?

* * *

한마디로 '나 생각'이 모든 생각의 뿌리입니다. '나 생각'의 근원은 영적 가슴입니다.

* * *

다른 생각 즉 브릿띠들과 구별하여 아함 브릿띠 즉 '나 생각'의 근원을 탐구하는 것이 왜 참나 깨달음을 얻는 직접적인 방법인지 여전히 의구심이 남습니다.

'나 생각'은 다른 생각들과 달리 하나의 생각이 아닙니다. 서로 본질적인 상관관계가 없는 다른 생각들과는 달리, '나 생각'은 마음의 모든 생각과 본질적이고 평등하게 관련되어 있습니다. '나 생각'이 없이는 다른 생각들이 있을 수 없습니다. '나 생각'은 다른 생각들에 의지하지 않고 스스로 존재할 수 있습니다. 그러므로 '나 생각'은 다른 생각들과는 근본적으로 다릅니다. 그것의 근원을 찾는 것은 존재('I-am'ness)의 근원을 찾는 것과 같습니다.

* * *

이 가르침을 계속해서 자주 들었지만, 저희는 그 가르침을 제대로 실천하지 못합니다. 분명 마음이 나약하기 때문일 것입니다. 나이가 걸림돌이 될 수 있습니까?

대개는 마음이 맹렬히 생각할 수 있을 때 이것을 보고 마음이 강하다고 말합니다. 그러나 마음이 진정으로 강할 때는 생각에서 자유로울 때입니다. 요기들은 서른 살 이전에만 깨달음을 얻을 수 있다고 말하지만, 갸니들은 그렇게 말하지 않습니다. 갸나(지식)는 나이를 먹는다고 없어지는 것이 아니기 때문입니다.

* * *

자리에 앉아서 신을 생각하다 보면, 생각들이 여러 대상들을 향해 떠돕니다. 그런 생각들을 다스리고 싶습니다.

마음이 흔들리는 것은 생각의 모양으로 있는 에너지가 흩어져서 약해지기 때문입니다. 마음을 한 가지 생각에 집중하면, 에너지가 보존되어 마음이 강해질 것입니다.

* * *

마음이 평화롭지 않습니다.

마음을 가져와 보십시오.

탐구를 하면 마음이 사라집니다.

더 나아가십시오. 마음의 근원에 대한 탐구를 그치지 마십시오. 평화를 확신하십시오.

* * *

우리의 기도가 받아들여질까요?

어떤 생각도 헛되지 않을 것입니다. 모든 생각들은 언젠가는 결실을 맺을 것입니다. 생각의 힘은 결코 헛되지 않을 것입니다.

* * *

10.
순수한 마음

순수한 마음과 순수하지 않은 마음을 명확하게 구별하는 것은 중요한 일이다. 왜냐하면 마음의 소멸에 관한 개념들로 인해 혼돈이 생길 수 있기 때문이다. 순수한 마음은 참나와 다르지 않다. 그것은 마음이 영적 가슴 속에 잠겨 있을 때 직관적으로 기능할 수 있도록 돕는 의식의 물결이다. 그것은 생각하고 행동하게 할 수 있는 참나의 힘이다. 순수한 마음이 무지로 인해 자기를 육체와 동일시할 때, 이 마음은 오염되고 한정된다. 이러한 무지가 어떻게 하여 일어나게 되었는지를 탐구하는 것은 도움이 되지 않으며 부질없는 일이다. 대신에 "이 무지가 누구에게 있는가?"하고 묻는다면, 습관적으로 바깥을 향하는 마음은 안으로 방향을 바꾸어 그것의 근원인 영적 가슴 속으로 잠길 것이다. 그것은 본래의 순수성을 점점 되찾을 것이다.

이 주제에 유의하면서 우리는 마음의 소멸이라고 하는 문제를 살펴야 한다. 라마나는 마음의 소멸이라는 말은 "나는 몸이다."라고 믿는 근본적인 무지가 끝나는 것을 의미한다고 분명히 밝혔다. 마음은 본래의 상태를 되찾는다.

그 결과로 어떤 일이 일어나는가? 순수한 마음은 참나의 희열을, 가슴 속에서 의식의 진동을 '나-나'로서 경험한다. 그러나 순수한 마음은 우리가 지금 마음이라고 알고 있는 것과는 전혀 다르다.

***

끊임없이 변하는 성질을 지닌 마음이 참나를 경험할 수 있습니까?

마음의 본성은 삿뜨바 구나(순수, 지성)이므로, 또한 마음은 에테르처럼 순수하고 오염되지 않으므로, 마음이라고 불리는 것의 본성은 사실 지식입니다. 마음이 자기의 자연스러운 순수한 상태에 머물 때, 그것에게는 마음이라는 이름조차 붙일 수 없습니다. 본래 순수한 삿뜨바 마음이었던 것이 무지 때문에 본성을 잊어버리고서 "나는 몸이다.", "세상은 실재다."라는 식으로 상상합니다. 그러나 많은 생애에 걸쳐 집착 없이 행한 행위를 통해, 참된 구루에서 나온 경전들에 귀를 기울임으로써, 그 의미를 깊이 숙고함으로써, 본연의 상태로 돌아가기 위해 명상을 함으로써 오염을 없앤 마음은 "나는 브람만이다."라는 상태에 이릅니다.

이처럼 명상을 통해 미묘하고 멈추어진 순수한 마음 안에서 참나 희열이 드러날 것입니다. 마음이 없으면 경험이 있을 수 없으므로, 지극히 미묘한 형태의 순수해진 마음은 그 형태 즉 브람만의 형태로 남아 있음으로써 참나 희열을 경험할 수 있습니다. 그러면 우리의 자기는 브람만의 본성임을 분명히 경험할 수 있다.

쁘라랍다 까르마에 따라 기능해야 하는 마음이 세상을 경험하는 상태에서도 앞서 말씀하신 경험을 할 수 있습니까?

브람민 계급의 사람이 연극에서 다양한 배역을 맡아 할 수 있습니다. 그러나 자신이 브람민이라는 생각은 그의 마음에서 떠나지 않습니다. 이와 마찬가지로 그대는 다양한 경험적인 행위를 하고 있더라도 "나는 육체다."등과 같은 잘못된 생각이 일어나도록 허용하지 말고 "나는 참나다."라고 확신해야 합니다. 만일 마음이 그 상태를 벗어나면, "아! 우리는 몸이 아니다. 우리는 누구인가?"를 탐구해야 합니다. 그리하여 마음을 본래 자리인 그 (순수한) 상태로 되돌려야 합니다. "나는 누구인가?"라는 질문은 모든 고통을 없애고 지고한 희열을 얻는 주요 수단입니다. 이렇게 하면 마음은 고요해지고, 참나 경험이 방해받지 않고 저절로 일어납니다. 그 뒤에는 감각적인 즐거움과 고통이 마음에 영향을 미치지 못할 것입니다. 모든 현상은 집착이 없이 꿈처럼 나타날 것입니다. 가장 중요한 참나 경험이 진정한 박띠(헌신)이고 요가(마음 조절)이며 갸나(지식)이고 모든 다른 고행임을 결코 잊지 마십시오.

행위는 세 가지 수단(몸, 말, 마음)을 통해 이루어집니다. 우리가 이런 식으로 생각을 하면서도 집착하지 않은 채 있을 수 있습니까?

남아 있는 인상들 때문에 그런 생각들이 일어날 때는 마음이 그런 식으로 흘러가지 않도록 삼가고 마음이 참나의 상태 안에 있도록 노력해야 합니다. "이것이 좋을까? 저것이 좋을까? 이렇게 할 수 있을까?"와 같은 생각들이 일어나도록 마음에 틈을 주면 안 됩니다.

그런 생각이 일어나기 전에 미리 경계해야 하고 마음이 본연의 상태에 머물도록 해야 합니다. 만일 작은 틈이라도 주어진다면, 그와 같은 어지러운 마음이 우리에게 해를 끼칠 것입니다. 친구처럼 보이는 적과 마찬가지로 그것은 친구인 척하지만 우리를 쓰러뜨릴 것입니다. 그런 생각들이 일어나서 점점 더 많은 해악을 끼치는 것은 자신의 참나를 잊었기 때문이 아닐까요? 어떻게 해서든 자신의 진실한 참나를 점차 잊지 않도록 노력해야 합니다. 그것이 이루어지면 모든 것이 이루어집니다.

＊＊＊

마음으로 브람만을 이해할 수 있다고 하면서도 동시에 마음으로는 그것을 이해할 수 없다고 말씀하시는 근거는 무엇입니까?

순수하지 않은 마음은 브람만을 이해할 수 없지만, 순수한 마음은 이해할 수 있습니다.

무엇이 순수한 마음이며, 무엇이 순수하지 않은 마음입니까?

형언할 수 없는 브람만의 힘이 그 자신을 브람만으로부터 분리시키고 의식의 반사와 결합하여 다양한 모양으로 나타날 때, 이것을 순수하지 않은 마음이라고 합니다. 이것이 식별을 통하여 의식의 반사에서 자유로워질 때, 이것을 순수한 마음이라고 합니다. 브람만과 합일된 상태에 있는 순수한 마음은 브람만을 이해합니다.

***

11.
'나-나' 자각

                ೞ

    이해의 편의를 위하여, 우리가 우리 자신이라고 여기는, 특정한 이름과 형상이 있는 분리된 개인을 '거짓된 나'라고 한다. 그것에 관해 거짓된 점은 한정되어 있다는 개념이다. 이와 달리 충만한 의식의 자각은 '나-나'라고 하는데, 그것은 참된 '나'이다. 왜냐하면 우리는 실제로는 생각에 묶이지 않고 어떤 한계에도 묶이지 않은 의식이기 때문이다. 우리는 '거짓된 나'와 '참된 나'라는 두개의 자아를 갖고 있는 것이 아님에도 불구하고, 굳이 이렇게 표현하는 까닭은 탐구의 필요에 관한, 그리고 자신의 진정한 본성을 발견할 때 일어나는 일에 관한 이해를 돕기 위한 것이다. 라마나는 우리가 오로지 마음의 핵심에만 관심을 기울이면 그 마음은 내면을 향한다고 말했다. 그 뒤 영적 가슴 속에 있는 의식의 흐름은 마음을 안으로 끌어당긴다. 거짓된 '나'가 참된 '나'에게 자리를 내어준다고 말할 수도 있다.

거짓된 '나'와는 달리 참된 '나'의 느낌에는 끊어짐이 없다. 거짓된 나는 깨어 있는 상태의 현상일 뿐, 꿈속에서는 존재하지 않는다. 끊임없이 이어지는 느낌을 나타내기 위해 라마나가 사용한 표현은 '나-나'이다.

영적 가슴은 늘 현존한다. 그래서 그것은 또한 자연스러운 상태라는 의미인 스와루빠라 불리기도 한다. 그것은 끊임없이 '나-나'로 느껴지는 것을 아는 지식이다. 그것은 영적 가슴 속에 있는 순수한 마음에 의해 경험된다. 이 느낌은 늘 현존하지만 그것을 반사하는, 생각이 없는 순수한 마음 안에서만 오직 느껴질 수 있다.

수행을 하는 동안 우리는 그것을 때때로 경험하게 된다. 이 경험이 변함없이 꾸준히 지속될 때, 그것을 갸나라고 한다. 이러한 가슴의 고동을 요가 용어로는 스뿌라나라고 한다.

* * *

스승님께서는 매우 높은 수준의 지식을 말씀하십니다. 저는 몸에서 시작하려 합니다. 육체적 경험 면에서 갸니와 아갸니 사이에 차이점이 있습니까?

차이가 있습니다. 어떻게 그렇지 않을 수 있겠습니까? 그 점에 대해 이미 여러 차례 설명을 했습니다.

그렇다면 사람들 사이에서 얘기되고 논의되는 베단따 갸나는 실제로 깨닫고 경험되는 그것과는 다를 것 같습니다. 스승님께서는 '나'의 진정한 의미가 영적 가슴 속에 있다고 자주 말씀하십니다.

그렇습니다. 그대가 점점 깊이 들어가 깊은 심연에서, 흔히 얘기하듯이, 자기 자신을 잃게 되면, 줄곧 그대 뒤에 있던 아뜨만 즉 실재가 그대를 붙잡습니다. 그것은 나 의식의 끊임없는 섬광입니다. 그대는 말하자면 그것을 자각할 수 있고, 느낄 수 있고, 들을 수 있고, 감지할 수 있습니다. 이것이 바로 아함 스뿌르띠입니다.

스승님께서는 아뜨만이 변하지 않으며 스스로 빛난다고 말씀하셨습니다. 하지만 그와 동시에 나 의식의 끊임없는 섬광, 이 아함 스뿌르띠를 말씀하신다면, 그것은 움직임을 의미하는 것이 아니겠습니까? 움직임이 있다면 그것은 완전한 깨달음일 수 없을 것입니다.

그대가 말하는 완전한 깨달음이란 무엇을 의미합니까? 자력으로 움직이지 못하는 돌덩어리가 된다는 뜻입니까? 아함 브릿띠는 아함 스뿌르띠와 다릅니다. 아함 브릿띠는 자아의 활동입니다. 그것은 스스로 소멸하고는 참나의 영원한 표현인 후자에게 자리를 내어 주게 되어 있습니다. 베다에서는 아함 스뿌르띠를 브릿띠 갸나라고 합니다. 갸나 깨달음은 항상 브릿띠입니다. 브릿띠 갸나 즉 깨달음과 스와루빠 즉 실재 사이에는 구별이 있습니다. 스와루빠는 갸나 그 자체이며 의식입니다. 스와루빠는 전능한 삿-찟입니다. 그것은 늘 스스로 얻어져 있습니다. 그대가 그것을 깨달을 때, 그 깨달음을 브릿띠 갸나라고 합니다. 그대가 깨달음에 대하여, 갸나에 대해 얘기하는 것은 오직 그대의 존재에 대한 것입니다. 그러므로 우리가 얘기하는 갸나는 언제나 브릿띠 갸나를 가리키는 것일 뿐, 스와루빠 갸나를 말하는 것은 아닙니다. 스와루빠는 그 자체는 늘 갸나(의식)입니다.

여기까지는 이해하겠습니다. 하지만 몸에 관해서는 어떤가요? 이 브릿띠 갸나를 어떻게 몸속에서 느낄 수 있습니까?

그대는 존재하는 '하나'와 자신이 하나라는 것을 느낄 수 있습니다. 그러면 온몸은 단지 힘, 힘의 흐름이 됩니다. 그대의 삶은 거대한 자석에 이끌리는 바늘이 됩니다. 그대가 점점 깊이 들어갈수록, 그대는 단지 중심이 되며, 그 뒤에는 그조차도 아니게 됩니다. 왜냐하면 그대는 단지 의식이 됩니다. 아무런 생각이나 염려도 더는 없습니다.

그것들은 문간을 넘으면 부서져 버립니다. 그것은 범람입니다. 한낱 지푸라기 같은 그대는 산 채로 삼켜지지만, 그것은 더없이 기쁩니다. 왜냐하면 그대는 그대를 삼키는 바로 그것이 되기 때문입니다. 이것이 바로 브람만과 지바의 합일이며, 진정한 참나 속에서 자아를 잃는 것이며, 거짓의 파괴이며, 진리에 이름입니다.

***

비베까쭈다마니에는 '나-나' 의식이 영적 가슴 속에서 영원히 빛나지만 어느 누구도 알아차리지 못한다고 합니다.

그렇습니다. 모든 사람에게는 예외 없이 '나-나'의식이 있습니다. 그들이 어떤 상태 즉 깨어 있는, 꿈꾸고 있는, 꿈 없는 잠을 자고 있는 상태에 있건, 그들이 그것을 의식하고 있건 안 하고 있건 상관없이 그러합니다.

《삿 다르샤나 바슈야》의 대화편에는 '나-나'가 절대 의식이라는 언급이 있습니다. 그러나 바가반께서는 예전에 사하자 니르비깔빠 이전의 깨달음은 무엇이든 지적인 것이라고 제게 말씀하신 적이 있습니다.

그렇습니다. '나-나'의식은 절대자입니다. 비록 그것이 사하자 이전에 온다 해도, 사하자 자체에 미묘한 지성이 있듯이 그 안에도 지성이 있습니다. 다만 사하자 상태에서는 형상들에 대한 감각이 사라지는 반면에 그 이전의 상태에서는 그렇지 않다는 것이 둘 사이의 차이점입니다.

※ ※ ※

"나는 누구인가?"라는 탐구는 몸의 어느 지점으로 인도합니까?

분명히, 자기 의식은 개인 자신과 관련되어 있습니다. 따라서 그것은 경험의 중심으로서의 몸 안의 중심을 통해 자기 존재 안에서 경험되어야만 합니다. 그것은 모든 전기적인 작업을 가능하게 하는 발전기와 닮았습니다. 그것은 몸의 생명 그리고 모든 신체 부위와 의식적으로 움직이거나 무의식적으로 움직이는 기관들의 활동을 유지시킬 뿐 아니라, 각 개인이 기능하는 물리적인 혹은 더 미묘한 상태 사이의 관계를 유지시킵니다. 또한 그것은 발전기처럼 진동하기 때문에 그것에 주의를 기울이는 고요한 마음이 감지할 수 있습니다. 요기들과 수행자들이 사마디 상태에서 그것을 의식과 함께 빛나는 것으로 경험하고는 스뿌라나라 부르고 있습니다.

스승님께서 궁극의 의식이라 부르는 '나-나'가 일어나는 그 중심에 어떻게 도달할 수 있습니까? 그저 "나는 누구인가?"하고 생각하면 됩니까?

그렇습니다. 그것은 그대를 그곳으로 데려갈 것입니다. 고요한 마음으로 그렇게 해야 하며 마음의 고요가 필수적입니다.

그래서 가슴인 그 중심에 도달하면 그 의식이 어떻게 스스로 드러나는 것입니까? 제가 그것을 알아차릴 수 있을까요?

물론입니다. 모든 생각에서 자유로운 순수 의식으로서 알아차릴 수 있습니다. 그것은 존재에 대해서라기보다는 그대의 참나에 대한 순수하고 끊어지지 않는 자각입니다. 순수할 때는 그것을 착각하지 않습니다.

중심의 진동 운동은 순수 의식의 경험과 동시에 느끼게 됩니까? 아니면 그 이전 혹은 그 이후에 느끼게 됩니까?

그 둘은 하나이며 같은 것입니다. 그러나 스뿌라나는 명상이 충분히 안정되고 깊어졌을 때에도 미묘한 방식으로 느껴질 수 있습니다. 그리고 대단한 공포 또는 충격이 일어나 마음이 멈출 때, 궁극의 의식은 매우 가깝습니다. 그것은 자신에게로 주의를 끌어들이며, 그래서 고요해져 민감해진 명상자의 마음은 그것을 알아차리고, 그것에 이끌릴 수 있으며, 마침내 그것 속으로, 참나 속으로 뛰어들게 됩니다.

***

12.
대상이 없는 명상

❦

대상이 없는 탐구란 무엇인가? 그것은 주체인 '나'에 주의를 집중하는 탐구이다. 우리가 씨름해야 하는 것은 우리가 특정한 이름과 형상을 지닌 존재라는 잘못된 인식임을 기억해야 한다. "나의 진정한 정체성은 무엇인가?"하고 질문해야 한다. 이런 관점에서 보면 일반적인 명상이 얼마나 효과적일 수 있겠는가? 일반적인 명상을 할 때 우리는 어떻게 하는가? 명상에는 명상자가 있고, 만뜨라든 이름이든 형상이든 명상의 대상이 있다. 여기에는 이원성이 존재한다. 자신의 정체성이라는 핵심적인 문제를 붙잡고 효과적으로 씨름할 수가 없다. 따라서 핵심적인 문제를 다루기 위해서는 다른 방도를 찾아야 한다. 대상이 없는 명상이 바른 길이다. 이러한 명상에서 관심은 마음의 핵심에 집중된다. '나'라는 생각 또는 자신에 대한 잘못된 관념이 의문시된다. 관심은 보이는 것 즉 대상이 아니라 보는 자에게 집중된다. 이러한 관심은 마음을 내부로 돌리고, 우리는 가슴의 고동인 스뿌라나를 알아차리게 된다. 이러한 관심만으로 충분하다. 꾸준히 지속하기만 하면 된다. 더 이상 해야 할 것이 없다. 그런 관심만으로도 주체인 '나'가 그 근원 속으로 잠길 것이기 때문이다. 그러면 진정한 주체인 참나가 홀로 남아 있다. 주체와 대상이 하나이며 모든 곳에 주체만 있다는 것이 보일 것이다. 참나 관심^{attention}과 하나라는 시각이 뒤따를 것이다.

보이는 것은 보는 자의 관심에 의지하므로 보는 자에 대한 관심은 생각들을 즉시 멈추게 한다는 것이 이 방법의 이점이다. 또한 처음부터 일원적인 접근법을 채택할 수 있으며, 오직 참나 뿐이라는 사실이 우리의 정신 안에 확고히 자리 잡게 된다. 나중에 이 사실은 우리의 경험이 된다.

* * *

삶과 죽음의 순환에 얽매인 인간들의 지상 과제는 무엇입니까? 부디 그 하나를 지적하여 자세히 일러 주십시오.

지고한 것을 소망하는 사람들에게는 자신의 참된 본성을 깨닫는 것이 가장 중요합니다. 그것이 모든 행위의 토대이며 그 결실입니다.

간단히 말해서, 어떤 수행을 해야 자신의 참된 본성을 깨달을 수 있습니까? 어떤 노력을 해야 내면에 대한 통찰력이 고양됩니까?

모든 생각을 감각의 대상들로부터 거두어들이면서, 대상이 없는 탐구를 꾸준히 계속해야 합니다.

***

참나 깨달음을 가로막는 장애물은 무엇입니까?

주로 기억이며, 생각하는 습관과 축적된 경향성들입니다.

어떻게 하면 이런 장애물들을 없앨 수 있습니까?

다음과 같은 명상으로 참나를 추구하십시오. 생각이 일어날 때마다 그것의 근원을 추적하십시오. 생각은 마음일 뿐입니다. 생각이 계속 이어지도록 결코 내버려 두지 마십시오. 그렇지 않으면 생각은 끝없이 계속될 것입니다. 생각이 일어날 때마다 계속해서 그것을 시작되는 지점으로 되돌리면, 마음은 활동하지 못하여 죽게 될 것입니다. "나는 누구인가?"라는 질문으로 끊임없이 되돌아가십시오. 오로지 모든 것의 근원만 남을 때까지 모든 것을 떼어놓으십시오. 그리고 나서 늘 현재 안에서 사십시오. 오직 그 안에 거하십시오. 과거와 미래는 오직 마음속에서만 존재할 뿐입니다.

어떤 명상이 저에게 도움이 될까요?

어떤 대상에 대해서도 명상을 하지 않는 것이 도움이 됩니다. 그대는 주체와 대상이 하나임을 배워 깨우쳐야 합니다. 형상이 있는 것이든 추상적인 것이든 어떤 대상에 대해 명상을 한다면, 그대는 하나임의 자각을 깨뜨리고 이원성을 만들어 내고 있습니다. 그러니 실제 그대 자신인 그것에 대해 명상하십시오. 그대는 발견할 것입니다.

무엇을 발견한다는 말씀입니까?

스스로 알게 될 것입니다. 개인적인 경험이 어떠할지를 내가 말해 줄 수는 없습니다. 그것은 저절로 드러날 것입니다. 꾸준히 계속하십시오.

***

보이는 모든 것을 분석해 보면 궁극적으로는 하나가 아닙니까?

그대는 궁극적으로 분석하면 내가 보고 생각하고 행위 하는 모든 것이 결국은 하나라고 말합니다. 그러나 그 말은 실제로는 두 가지 개념으로 이루어져 있습니다. 하나는 보이는 모든 것이며, 다른 하나는 봄과 생각과 행위를 행하고 '나'라고 말하는 '나'입니다. 이 둘 가운데 어느 것이 더 현실적이고real 진실하며true 중요합니까? 분명 보는 자일 것입니다. 보이는 것은 보는 자에 의지하기 때문입니다. 그러므로 그대의 '나'의 근원인 보는 자에게 관심을 돌려서 그것을 깨달으십시오. 이것이 진짜 할 일입니다. 이제까지 그대는 주체가 아니라 대상에 대해 공부해 왔습니다. 이제는 '나'라는 말이 나타내는 실재가 무엇인지 알아보십시오. '나'라는 표현의 근원인 실체를 발견하십시오. 그것이 참나이며, 모든 존재들의 참나입니다.

* * *

13.
나는 몸인가?

~~~

 우리는 몸이 아니라고 경전들은 단언한다. 그러나 우리는 몸 의식을 극복하기가 어렵다고 느낀다. 이것이 잘못된 생각이라는 근거에 대해서는 영적 가슴을 다루면서 이미 언급한 바 있다. 의식의 통로인 나디^{nadi}를 따라 흐르는 의식은 마음에 도달하며, 거기에서 몸 전체로 퍼진다. 이것은 몸이 스스로 빛을 발한다는 환영을 만든다. 잘못된 생각은 점차 소멸되고 극복되어야 한다. 속성들은 끊임없이 변하지만 개인 그 자체는 그렇지 않다는 사실을 기억하는 것이 지적인 방식이다. "나는 학생이다."라는 것이 "나는 법률가다." 혹은 의사, 수석 변호사, 전문의 등등으로 바뀐다. 동일한 한 사람이 아버지, 오빠, 남편, 제자, 헌신자와 같은 여러 가지 속성들을 갖는다. 또한 꿈속에서도 '나'가 존재하며 서로 다른 경우가 많다. 이것은 깨어 있는 상태의 '나'와 아무런 관계도 없다. 깊은 잠을 잘 때는 어떤 개별성도 없다. 깊은 잠을 자는 동안 다른 사람이 자기 이름을 부르면 대답할 수 있는가? 따라서 우리가 특정한 이름과 형상이라는 생각은 환영이다. 경험상 이러한 환영은 자기를 탐구함으로써, 자신의 참된 정체성을 추구함으로써 깨트릴 수 있다.

* * *

제 과거와 미래의 생을 알 수 있습니까?

그대는 자신이 과거에 누구였는지, 미래에는 누구일지를 알고 싶어 합니다. 그대는 자신이 지금 누구인지를 숙고해 보았습니까? 자신을 아는 것, 그대가 누구인지를 아는 것이 중요합니다. 그러면 그대는 알아야 할 것을 알게 될 것입니다.

* * *

그대는 누구입니까?

저는 나라야나 스와미입니다.

그대가 말하는 '나'는 무엇을 이르는 말입니까? 몸입니까, 입입니까, 손입니까?

입과 혀, 몸이 모두 함께 '나'를 구성합니다.

그대의 몸을 이루고 있는 것은 단지 손, 발, 코 등등입니다. 그대는 손입니까? 손이 없으면 그대는 존재할 수 없습니까?

저는 손 없이도 존재할 수 있습니다. 따라서 저는 손이 아닙니다.

같은 이유로 그대는 발도, 코도, 눈도, 다른 어떤 것도 아닙니다.

그렇습니다.

그대가 몸의 부분들이 아니라면 그대는 또한 온몸도 아니라는 말입니다.

어째서 그렇습니까?

그대에게 속한 것은 그대의 소유물이지 그대 자신은 아닙니다.

저는 지금 제가 몸과 다름을 깨달았습니다. 그렇지만 제 몸과 제 '참나' 사이의 경계선은 분명히 모르겠습니다. 제가 누구인지 모르겠습니다.

그대의 '자신'에게 물어보십시오. 그러면 자신이 누구인지 알게 될 것입니다.

＊＊＊

저는 모든 것과 인연을 끊었고 세상을 떠났습니다. 이제 저는 산야시 입니다.

만약 산야사라는 생각을 즐기고 자신이 산야시가 되었음을 사람들에게 알리는 것을 행복으로 삼는 것이라면, 산야사를 받아도 아무런 소용이 없습니다. 어렸을 때 그대는 "나는 학생이다."라고 말했고, 다음에는 "나는 혁명가다."라고 말했고, 그 다음에는 "나는 유부남이다.", "한 가족의 가장이다.", "경영자다."라고 말했습니다. 이제 그대는 "나는 산야시다."라고 말합니다. 이 모든 것들이 실제로 존재하는 것과 관련해서 보았을 때 어떤 차이를 만듭니까? 주체를 손대지 않고, 속성들을 바꾸어 봐야 소용이 없습니다. 참나가 드러날 때 사라지는 것은 바로 '나' 곧 주체입니다.

＊＊＊

어떻게 해야 무지를 없앨 수 있습니까?

띠루반나말라이에 있는 동안 잠이 든 그대는 꿈속에서 다른 마을에 있습니다. 그 장면은 그대에게 실제로 느껴집니다. 그대의 몸은 여기에 있고, 그대는 침대 위에 누워 있습니다. 마을이 그대의 방으로 들어올 수 있습니까? 아니면 그대가 여기에 몸을 놔두고 이곳에서 다른 곳으로 갈 수 있었습니까? 둘 다 불가능합니다. 따라서 그대가 여기에 있는 것과 다른 마을을 보는 것 둘 다는 실제가 아닙니다. 그것들은 마음에는 실제인 것처럼 보입니다. 그대의 꿈속의 '나'는 사라졌습니다. 또 하나의 '나'가 그대의 꿈들에 대해 얘기합니다. 이 '나'는 꿈속에 있지 않았습니다. 이 두 '나'들은 실제가 아닙니다.

 올바른 시각^{vision}을 숨기거나 방해하는 것은 몸 의식입니다. 이것이 비빠리따 갸나입니다. 참나와 참나 아닌 것이 합일하여 일어납니다. 그대가 할 일은 탐구하는 것이며, 참나로 존재하는 것입니다. 탐구를 통해서 그대는 자신이 몸이 아니고, 감각도 아니며, 마음도 아니고, 지성도 아님을 알게 됩니다. 그대는 참나 아닌 것들이 모두 제거된 뒤에 남아 있는 그것입니다. 참나 아닌 것들을 없애면 그것들은 어디로 갑니까가? 참나 말고는 갈 곳이 없습니다. 참나에 흡수될 뿐입니다.

***

14.
나는 마음인가?

∽❦∾

　라마나의 길의 용어법에서 마음과 자아는 서로 바꿀 수 있는 표현이다. 우리는 자신을 마음이라고 여긴다. 우리의 존재감이 생각의 활동과 관련되어 있기 때문이다. 그래서 깨어 있을 때 생각이 없으면 우리는 활기를 잃고 어찌할 바를 모른다. 우리가 마음의 본성을 모르고 있는 까닭은 마음의 관심이 마음 자체가 아니라 대상을 향해 있기 때문이다. 그러므로 자기 탐구가 필요하다. 마음에는 '나'라는 핵심 또는 중심적인 생각이 있다고 라마나는 지적한다. 이것은 '모든 특정한 생각 뒤에 있는 보편적인 생각'이다. 마음을 이해하려면 이 중심적인 '나' 생각을 붙잡아야 한다. 우리는 그것을 붙들고 늘어져야 한다. 충분한 관심이 있다면 마음은 내부로 향한다. 자기 탐구를 실천하다 보면 그것은 자신이 누구인지를 발견하기 위해 온 힘을 다하여 탐구하게 된다. 왜냐하면 우리는 우리가 믿고 있던 정체성이 과연 진실한지 아닌지를 알기 위해 노력하고 있기 때문이다. 우리는 마음인가? 이러한 강렬한 의심, 모험 정신, 알고자 하는 열망은 필요한 추진력을 불러일으키고 우리로 하여금 마음의 중심인 '나'를 붙들 수 있게 한다. 이것을 자기 탐구 라고 한다. 우리는 참된 정체성을, 주체인 자기 자신에 대한 진리 를 발견하려고 하기 때문이다. 마음의 관심은 그 동안 유일한 관 심사였던 대상들로부터 주체인 '나'에게로 이동한다. 마음의 핵심 을 고수하려는 노력은 내면으로 깊이 들어가게 한다. 그래서 생각 이 그치고 대신 그 자리에 멍함이나 잠이 들어오지 않는 지점에 이 르면, 구루의 지속적인 은총이 노력을 그치게 한다. 마음은 그 근 원과 합쳐지기 때문이다. 우리의 진정한 정체성, 우리의 진정한 참나는 충만한 의식으로 드러날 것이다. 제한된 의식인 마음은 의 식의 그림자로서 보일 것이다. 이 상태를 경험하는 것이 참나를 자각하는 것이다.

* * *

자기 탐구는 어떤 것입니까? 그 유익은 무엇입니까? 다른 방법들보다 더 나은 결과를 얻을 수 있습니까?

자기 탐구는 경전을 면밀히 공부하는 것이 아닙니다. 근원을 찾 아가면, 자아는 그 근원 속으로 몰입됩니다. 자기 탐구는 모든 고 통을 치료하는 결과를 낳습니다. 그것은 모든 결과들 가운데 최고 의 결과입니다. 그보다 더 나은 것은 없습니다. 다른 수행법을 통해서도 경이롭고 초자연적인 능력을 얻을 수 있습니다. 그러나 그런 능력을 얻는다고 해도 궁극적으로는 자기 탐구만이 해방을 줍니다. 지시받은 대로 실천하지 못해도 현명한 사람에게는 잘못이 아닙니다. 왜냐하면 자기 탐구는 그 자체로 가장 가치 있고 가장 정화시키는 것이기 때문입니다.

* * *

스승님께서는 우리가 자기를 탐구함으로써 참나를 깨달을 수 있다고 말씀하십니다. 이런 탐구의 특성은 무엇입니까?

그대는 마음이거나 혹은 자신이 마음이라고 생각합니다. 마음은 단지 생각들일 뿐입니다. 모든 특정한 생각들 뒤에는 '나'라는 보편적인 생각이 있는데, 그것이 그대 자신입니다. 이 '나'를 첫 번째 생각이라고 부릅시다. 이 '나 생각'을 붙들고, 그것이 무엇인지를 알아내기 위해 질문하십시오. 이 의문이 그대를 강하게 붙들면 그대는 다른 생각을 할 수 없습니다.

제가 그렇게 하고 싶어서 제 자신 곧 '나 생각'을 붙들고 있을 때, 다른 생각들이 오고 가면 저는 "나는 누구인가?"하고 자문합니다. 그러면 아무런 대답도 나오지 않습니다. 이 상태에 있는 것이 노력입니다. 맞습니까?

사람들이 자주 범하는 실수가 이것입니다. 그대가 나를 진지하게 탐구하면 하나의 생각인 '나 생각'은 사라지고, 심연에서 다른 어떤 것이 그대를 붙잡습니다. 그것은 탐구를 시작한 그 '나'가 아닙니다.

이 다른 어떤 것은 무엇입니까?

그것이 진정한 참나이며, '나'의 의미입니다. 그것은 자아가 아닙니다. 지고자입니다.

* * *

스승님께서는 탐구를 시작할 때 다른 생각을 물리쳐야 한다고 종종 말씀하셨습니다. 그러나 생각들은 끝이 없습니다. 하나의 생각을 물리치면 다른 생각이 또 오고, 그래서 전혀 끝이 없는 것 같습니다.

나는 계속해서 생각을 물리쳐야 한다고 말하지 않습니다. 만약 그대가 자기 자신인 '나 생각'을 붙잡고 그대의 관심이 그 하나의 생각에만 집중된다면, 다른 생각들은 물러나고 저절로 사라집니다.

그렇다면 생각들을 물리치려고 할 필요가 없다는 말씀입니까?

아닙니다. 얼마간은 필요할 수도 있습니다. 그대는 생각이 일어날 때마다 하나하나 물리치더라도 생각은 끝이 없을 것이라고 상상하고 있습니다. 그렇지 않습니다. 끝이 있습니다. 만약 그대가 방심하지 않고 생각이 일어날 때마다 모두 물리치는 노력을 꾸준히 한다면, 그대는 내면의 자신 속으로 점점 더 깊이 들어갈 것입니다. 그곳에서는 생각을 물리치려고 노력할 필요가 없습니다.

그러면 노력하지 않고도, 긴장하지 않고도 있을 수 있겠군요!

그뿐이 아닙니다. 어떤 한도를 넘어서면 노력을 일으키는 것이 불가능합니다.

저는 좀 더 깨닫고 싶습니다. 제가 아무런 노력도 하지 말아야 합니까?

여기에서는 그대가 노력하지 않고 있을 수 없습니다. 그대가 깊이 들어가면, 그대는 어떤 노력도 일으킬 수 없습니다.

* * *

제가 생각을 계속 물리친다면, 그것을 비짜라라 부를 수 있습니까?

그것은 디딤돌일 수 있습니다. 그러나 그대가 나를 붙잡고 마음의 움직임, 생각의 물결에서 이미 떠나 있을 때 진정으로 탐구가 시작됩니다.

그러면 탐구는 지적인 것이 아닌가요?

아닙니다. 그것은 안따라anthara 비짜라, 즉 안으로의 탐구입니다.

그것이 디야나입니까?

생각이 마구 공격하지 못하는 자리에서 움직이지 않는 것이 아비야사abhyasa 즉 사다나입니다. 이 상태에서 그대는 방심하지 않고 경계합니다. 그러나 그 상태가 점점 강해지고 깊어져서 그대의 노력과 모든 책임이 그대를 떠날 때, 그것이 바로 아루다 즉 확고한 상태입니다.

***

제가 외부의 도움 없이 저 자신의 노력만으로 더 깊은 진리를 깨달을 수 있습니까?

그렇습니다. 그러나 그대가 자기를 탐구하고 있다는 사실 자체가 바로 신성한 은총의 나타남입니다. 내면의 존재, 진정한 참나인 영적 가슴 속에서 그것은 빛을 발하고 있습니다. 그것은 내면에서 그대를 끌어들이고 있습니다. 그대는 바깥에서 안으로 들어가려고 시도해야 합니다. 그대의 시도는 비짜라[7]이며, 깊은 내면의 움직임은 은총입니다. 은총이 없이는 진정한 탐구가 없으며, 탐구가 없는 사람에게는 은총의 활동이 없다고 내가 말하는 것은 이 때문입니다. 둘 다 필요합니다.

* * *

제가 누구인지를 확인하려면 어떻게 해야 합니까?

끊임없이 하지는 못하더라도 자주 질문하고 내면을 탐구하십시오.

그렇게 하려면 어떻게 해야 합니까?

그대 자신을 탐구하십시오. 그리하여 그대는 몸, 감각, 쁘라나[8]가 아니며 마음도 아니고 아비디야[9]도 아님을 아십시오. 이것들은 스스로 지각하거나 느끼지 못하지만 그대는 삿[10]이기 때문입니다.

하지만 마음은 참나 깨달음을 가로막는 장애물을 끊임없이 만들어 내는 악마입니다. 그것을 극복하는 최선의 길은 어느 것입니까?

---

7 진지한 탐구
8 life
9 무지
10 실재

마음은 단지 생각에 불과합니다. 생각의 뿌리는 자아라고 알려진 '나'입니다. "나는 누구인가?"라는 의문의 힘이 강해질 때, 그것은 처음에는 다른 모든 생각들을 죽이고 마지막에는 자기도 사라집니다.

그것을 대신하는 것은 무엇입니까? 혹은 자아가 사라진 뒤에 발견되는 것은 무엇입니까?

밧줄 위에 덧씌워진 뱀이라는 환영이 사라지고 밧줄이 보일 때, 모든 속성들과 두려움이 없는 전지하며 희열의 '나', 지고한 '나'는 모든 이원성과 다원성이 없이 느껴집니다.

* * *

오, 스승님이시여, 제가 열렬히 원하는 그 소망을 실제로 이루면 저는 얼마나 기쁨으로 충만할까요?

그대는 이미 그것(삿-찟-아난다)인데, 그대가 무엇을 더 이룰 수 있겠습니까? 그대는 모든 시간과 공간, 인과 관계의 너머에 있습니다. 그대는 무한하고 절대이고 지고한 희열의 존재입니다. 스스로 고치를 짓고 단단한 그 속으로 들어가 갇히는 누에처럼, 마음과 그 길을 따르는 무지한 사람도 고통의 세상 속에 갇혀 꼼짝 못하고 있는 것처럼 보이지만, 사실 그는 한순간도 둘이 없는 하나이기를 그치지 않습니다.

오, 스승님이시여! 스승님께 영원한 기쁨의 길을 배우니 이 얼마나 큰 행복인지요! 스승님께서 지금 이토록 은혜롭게 가르쳐 주신 귀중한 진리에 보답하여 저 같이 무지한 사람이 스승님의 발밑에 바칠 수 있는 것이 이 지상에 또 무엇이 있을까요!

* * *

다람쥐들의 둥지는 바가반의 소파 위에 있었다. 새끼 다람쥐들의 어미를 고양이가 잡아먹어 버려서 바가반이 어린 다람쥐들을 돌보게 되었다. 바가반이 말했다.

이 어린 것들은 자기 둥지에 머물러 지내는 것이 지혜로움을 알지 못합니다. 그들은 계속해서 밖으로 나오려고 애씁니다. 모든 문제는 밖에 있는데도 그들은 안에 머무르지 못합니다. 이와 마찬가지로 마음이 밖으로 나가지 않고 영적 가슴 안에 잠겨 있으면 오로지 행복만 있을 것입니다. 그러나 마음은 자꾸 밖으로 나가려 합니다.

마음이 계속 안에 있게 하려면 어떻게 해야 합니까?

지금 제가 하고 있는 것과 똑같이 하면 됩니다. 어린 다람쥐가 밖으로 나오려 할 때마다 저는 둥지 속으로 도로 밀어 넣습니다. 내가 계속해서 그렇게 하면, 다람쥐는 둥지에 머무르는 것의 행복을 배웁니다.

***

"그곳에 이르는 순간 모든 까르마는 소멸됩니다." 어떻게 하면 그런 경험을 우리가 가질 수 있습니까? 이런 환영은 어떻게 하여, 누구에게 일어나는 것입니까? 어떻게 하면 이 환영이 없어집니까?

환영이 어떻게 일어나며 어떻게 없어지는가와 같은 의문을 추구하는 대신에, 그것이 '누구에게' 일어나는가라는 의문을 먼저 해결한다면 그것으로 충분합니다. 그러면 모든 의문이 해결됩니다.

그 의문은 제 마음속에서, 제게 일어납니다. 책들을 보면 제 자신을 알고 제 자신의 본성을 알아야 한다고 합니다. 하지만 그렇게 하려면 어떻게 해야 합니까?

그대의 근원을 찾으십시오. '나'라는 생각이 어디에서 일어나는지 발견하십시오.

어떻게 해야 합니까? 저는 그렇게 하기가 쉽지 않습니다.

우리는 사물을 보면 그것들을 선명히 압니다. 그렇지 않습니까? 그러나 우리가 우리 자신보다 더 확신할 수 있는 것이 무엇입니까? 이것은 직접 체험이며, 더 말로 설명할 수가 없습니다.

우리가 참나를 자각할 수 없다면 어떻게 해야 합니까?

참나를 알기 위해 열심히 노력해야 합니다. 자기를 성찰하는 태도를 기르도록 하십시오. 그대의 마음에 "나는 누구인가?"라는 질문을 계속 던지십시오. 머지않아 참나를 자각할 수 있을 것입니다.

∗ ∗ ∗

그렇지만 저는 비빠리따 바바네viparita bhavane를 없애는 방법을 모릅니다.

누가 무엇을 모릅니까? 질문하십시오. 모른다고 하는 그는 누구인지를 탐구하십시오. '나'를 찾으려고 질문을 던지면, '나'는 사라집니다. 그 뒤에 남는 것은 참나 지식 또는 참나 깨달음입니다.

하지만 어떻게 해야 그곳에 이를 수 있습니까? 구루의 도움이 필요하지 않을까요? 신의 도움이 필요하지 않을까요?

왜 그럽니까? 수행을 할 때는 이 모든 것이 이용됩니다. 그러나 궁극적 탐구, 즉 목표에 도달한 뒤에는 채택한 방법과 수단들이 자체로 목표임을 알 수 있습니다. 궁극에는 구루가 곧 신이며 신이 그대의 진정한 참나임을 알게 됩니다.

하지만 더 깊이 탐구하려면 구루의 은총이나 신의 은총이 필요하지 않겠습니까?

그렇습니다. 그런데 그대가 행하고 있는 탐구 자체가 구루의 은총 혹은 신의 은총입니다.

저를 스승님의 은총으로 축복하여 주십시오.

마하리쉬는 잠시 동안 침묵했다. 동시에 영속적인 사마디 상태에 있는 그의 고요한 현존 자체가 바로 늘 현존하는 도움이며, 목마른 질문자가 이를 통해 그의 영적 갈증을 해소할 수 있음을 보여 주었다. 그리고 나서 말을 이었다.

탐구를 계속하십시오.

어떻게 말입니까? 어떻게 해야 하는지 모르겠습니다.

누가 모릅니까? 그대는 '나'라고 말하면서도 '나'를 모른다고 합니다. 누가 자신을 모를 수 있습니까? 우습지 않습니까? 만일 다른 어떤 것을 알거나 얻어야 한다면, 그대는 그것을 알거나 얻는 데 어려움을 느낄 수 있습니다. 그러나 늘 여기에 현존하며 피할 수 없는 '나'를 어떻게 그대가 모를 수 있습니까? 끊임없이 노력하여 '나'에 대한 잘못된 개념을 극복하고 버려야합니다. 그렇게 하십시오.

그렇게 하는 데 구루의 도움이 필요하고 또 유용하지 않을까요?

맞습니다. 그대에게 탐구를 시작하도록 하는 데 필요합니다. 그러나 그대 스스로 탐구해야합니다.

이런 경우에 얼마만큼 구루의 은총을 기대할 수 있습니까? 어느 지점까지 탐구를 계속해야 합니까?

그대는 탐구를 통해 잘못된 생각을 없애야 합니다. 마지막 남은 잘못된 생각이 없어질 때까지, 참나를 깨달을 때까지 계속 탐구하십시오.

　　　　　　　　＊＊＊

15.
자기 탐구,
그것은 무엇이고 무엇이 아닌가?

마음의 관심은 사람, 소유물, 생각에 쏠려 있다. 그 관심은 대상에게 집중될 뿐, 그것들이 관련된 존재인 주체에게는 향하지 않는다. 우리의 정체성의 진실에 대해서는 의문을 제기하지 않는다. 그리하여 가장 중요한 질문, 우리의 삶을 완전히 바꿀 수 있는 질문은 주체와 대상의 관계의 미로 속에 빠져 보이지 않는다. 정체성을 찾는 이 탐구가 왜 중요한가? 그것을 이해하면 우리에게 자연스러운 상태의 기쁨이 열리기 때문이다. 그러므로 이 탐구를 하면서 곁길로 벗어나지 않도록, 진리를 찾는 일을 계속할 수 있도록 해야 할 것과 하지 말아야 할 것을 아는 것은 중요하다.

우리가 착수한 일은 마음의 근원을 탐구하는 것임을 라마나는 종종 상기시킨다. "나는 누구인가?"라는 질문은 한편으로는 방해하는 생각을 물리치고 다른 한편으로는 우리 자신에 관한 이해에 의문을 품게 하는 이중적인 목적이 있다. 그 결과 관심이 '나'에 두어지면, 그것은 마음이 그 근원으로 몰입되는 것을 알아차리는 문제로 변한다. 이를 위해서는 "나는 어디에서 나오는가?"라는 질문이 효과적인 도움이 된다.

이 탐구를 할 때는 어떤 명상 자세라도 좋다. 관심이 내면을 향하기만 하면 된다. 라마나가 말하듯이, 우리가 창문 밖을 바라보지 않을 때는 창문이 열려 있건 닫혀 있건 무슨 문제가 되겠는가? 이 질문은 정신적인 것이 아니다. 따라서 탐구의 도구인 이 질문을 만뜨라로, 혹은 암송을 위한 신성한 상징으로 바꾸려는 유혹을 피해야 한다. 또한 자신의 참된 정체성이 충만한 의식 혹은 참나라는 식으로 자기 암시를 할 필요는 없다. 이 방법의 이점은 우리의 관심이 내면에 고정되면 개인이 할 일은 끝난다는 것이다. 그 뒤의 일은 신성한 힘이 떠맡기 때문이다.

* * *

"나는 누구인가?"라는 질문에서 '나'가 가리키는 것은 자아입니까, 아니면 참나입니까?

이 질문에서 '나'는 자아를 가리킵니다.

탐구를 하는 동안 "나는 누구인가^{Koham}?"와 같은 질문들을 느끼고 이해하면서 자빠나 만뜨라처럼 마음속에서 계속 반복해야 합니까? 아니면 처음에만 한

두 번 묻고서 그 후에는 마음을 자아의 근원인 가슴에, 세상적인 생각과 의심이 일어나는 것을 막으려는 노력에 집중해야 합니까?

코함을 자빠로 활용하는 것은 올바른 방법이 아닙니다. 한 번만 질문을 던지고 그 뒤에는 자아의 근원을 찾는 데, 생각이 일어나는 것을 막는데 집중하십시오.

탐구를 하는 동안 숨을 깊고 고르게 들이쉬고 내뱉도록 노력하면서 동시에 "나는 누구인가?"라는 질문을 호흡과 결합시켜야 합니까? 아니면 "나는 누구인가?"와 같은 질문을 반복하면서 들숨과 날숨에 주의를 기울여야 합니까?

만일 그대가 호흡과 상관없이 탐구에 집중할 수 있다면 호흡에 주의를 기울이지 않아도 됩니다. 그런 도움이 없이 탐구에 집중할 수 없는 사람들은 호흡에 주의를 기울여야 할 수도 있습니다. 어떤 사람들은 탐구를 하는 동안 께발라 꿈바까를 행할 수 있을 것입니다. 또 어떤 사람들에게는 규칙적인 쁘라나야마가 마음을 안정시키고 생각을 제어하는 데 도움이 될 수도 있을 것입니다.

이런 방편들의 도움이 없이도 마음이 탐구를 지속할 만큼 충분히 강해지면 이 모든 것들을 버려야 합니다. 쁘라나야마는 일상적인 주의로 행해야 합니다. 그것은 꿈바까[11]의 힘과 지속기간을

---

11 호흡의 보유 retention

점차 증가시킵니다. 결국 그것은 마음을 한 점에 모이게 할 것입니다. 쁘라나야마 없이 집중하기가 어려우면 그것의 도움을 받도록 하십시오. 쁘라나야마는 마음이라는 야생마를 제어하는 고삐와 같고, 생각이라는 바퀴를 제어하는 브레이크와 같습니다. "나는 누구인가?"와 "나는 어디에서 나오는가?"라는 질문은 동일한 것입니다. 그것은 자아에 대한 것입니다. 진정한 참나의 경우에는 그런 질문이 일어날 수 없습니다.

* * *

"나는 누구인가?"라고 질문한 뒤에는 "나는 마음도, 지성도, 자아도, 기억도 아니다."와 같은 슈리 샹까라의 가르침으로 대답하며 번갈아 묻고 답해야 할까요? 아니면 "나는 누구인가?"라고 질문할 때마다 "나는 쉬바다^{Sivoham}."와 같은 공식으로 반복하여 대답해야 할까요?

명상을 하는 동안 그 질문에 대해 "쉬보함(나는 쉬바다)."과 같은 대답을 마음에 제시하지 말아야 합니다. 진정한 대답은 스스로 나올 것입니다. 자아가 제시하는 어떠한 대답도 올바를 수가 없습니다. 이런 확언과 자동 암시는 다른 방법을 따르는 사람들에게는 도움이 될지 모르지만, 탐구라는 이 방법에는 도움이 되지 않습니다. 계속하여 질문하면 대답이 나올 것입니다. 탐구의 방법은 디야나입니다. 노력 없는 상태는 갸나입니다.

몸 안에서 근원을 찾아야 할까요?

자아는 몸 안에서 일어납니다. 그러므로 처음에는 자아의 근원을 찾기 위하여 몸을 들여다보아도 괜찮습니다. 그러나 근원에 도달하면 안과 밖이 없을 것입니다. 근원 혹은 참나가 어디에나 있기 때문입니다. 깨닫고 나면 모든 것이 참나 안에 있을 것입니다.

명상을 할 때 척추를 똑바로 세우고 앉는 싯다사나 자세, 혹은 사슴 가죽위에 앉는 꾸샤사나 등이 탐구에 도움이 될까요? 아니면 그다지 도움이 되지 않을까요? 그런 것들이 탐구를 촉진할까요?

진정한 아사나(자세)는 참나―실재 혹은 근원 안에 '확고히 자리 잡는 것'입니다. 그대의 참나 안에 앉으십시오. 참나가 어디로 가서 앉을 수 있겠습니까? 모든 것은 참나 안에 앉아 있습니다. '나'의 근원을 찾아서 그곳에 앉으십시오. 아사나와 같은 것들의 도움 없이는 참나를 깨달을 수 없다는 관념을 갖지 마십시오. 그것들은 전혀 필요가 없습니다. 중요한 것은 탐구를 하여 자아의 근원에 도달하는 것입니다. 자세 등과 같은 것들은 마음을 흩뜨려 그것들이나 몸을 향하게 할 수 있습니다.

한가한 시간에 어떤 책들을 읽으면 스와디야야(탐구를 위해 마음을 빨리 훈련시키는 것)에 가장 도움이 될까요?

어떤 책을 읽어도 괜찮을 것입니다. 진정한 책은 참나입니다. 그대는 언제라도 그 책을 들여다볼 수 있습니다. 아무도 그 책을 빼앗을 수 없습니다. 그 책은 늘 곁에 있어서 언제라도 읽을 수 있습니다. 한가한 시간에도 그대의 나를 붙잡도록 하십시오. 그러면 그대는 어떤 책이든 읽을 수 있습니다.

명상을 하는 동안 의심과 두려움, 걱정들이 계속 괴롭히면, 어떻게 해야 이것들을 효과적으로 없앨 수 있을까요?

"이런 의심과 두려움, 걱정들은 누구에게 일어나는가?"라고 그대 자신에게 묻도록 하십시오. 그러면 이것들은 사라질 것입니다. 그것들에게 관심을 주지 마십시오. 내면의 나에게 관심을 쏟도록 하십시오. 두려움과 같은 것들은 오로지 둘이 있을 때만, 또는 다른 사람이 그대와 별개로, 그대와 분리되어, 그대 바깥에 있을 때만 일어날 수 있습니다. 그대가 나를 향해 내면으로 마음을 돌린다면, 두려움과 같은 것들은 사라질 것입니다.

의심이나 두려움을 없애려 하면 다른 의심이나 두려움이 일어날 것입니다. 그것은 끝이 없을 것입니다. 그것들을 없애는 최선의 방법은 "그것들이 누구에게 일어나는가?"라고 묻는 것입니다. 그러면 그것들은 사라질 것입니다. 나뭇잎을 하나씩 뜯어서 나무를 없앨 수는 없습니다. 그대가 몇 개의 이파리를 뜯는 사이에 다른 나뭇잎들이 자랄 것입니다. 나무(자아)의 뿌리를 없애도록 하십시오. 그러면 나무 전체가 잎들, 가지들과 함께 없어질 것입니다.

예방이 치료보다 낫습니다.

명상을 하다가 가끔 스승님의 눈이나 얼굴을 응시하는 것이 도움이 될까요, 아니면 눈을 감고 있어야 할까요? 집에서 혼자 탐구를 할 때는 눈을 감고 있어야 할까요, 아니면 어떤 헌신의 대상에 눈길을 고정시켜야 할까요?

다른 어느 곳이 아니라 그대의 나 즉 아뜨만을 바라보십시오. 눈은 뜨고 있건 감고 있건 상관없습니다. 존재하는 것은 오직 하나의 '나'뿐입니다. 그것을 '나'라고 말하건 '눈'이라고 말하건 상관없습니다. 눈을 감거나 뜨는 것은 중요하지 않습니다. 내면의 '나'에 관심을 집중해야 합니다. 그대는 뜨거나 감을 수 있는 '나'가 아닙니다. 그대는 원하는 대로 눈을 감을 수도 있고 뜰 수도 있습니다. 왜냐하면 그대가 나를 생각할 때는 세상을 생각하지 않을 것이기 때문입니다. 그대가 실내에 있고 바깥을 바라보지 않는다면, 창문을 달아 놓건 열어 놓건 아무런 상관이 없습니다.

＊＊

비짜라 마르가에 관해 들었지만, 그것의 개념은 명확하지 않습니다. 그것은 조용한 장소에 앉아서 "나는 누구인가?"라는 질문을 반복적으로 묻는 것입니까? 아니면 만뜨라에 대해 명상하듯이 그 질문에 대해 명상하는 것입니까?

아닙니다. 그것은 "나는 누구인가?"하고 반복하는 것도 아니고 이 질문에 대해 명상하는 것도 아닙니다. 그것은 자기 자신 속으로 깊이 들어가 그대 안에서 '나'라는 생각이 일어나는 곳을 찾는 것이며, 다른 생각들을 배제하고 그 생각만 굳게 붙잡는 것입니다. 꾸준하고 끈질기게 노력하면 결국 참나에 이를 것입니다.

* * *

제가 알기로는 일어나는 생각들을 막는 데 완전히 성공하기까지는 나를 깨달을 수 없습니다. 제 말이 맞습니까?

꼭 그렇지는 않습니다. 다른 생각들을 막을 필요는 없습니다. 깊은 잠을 잘 때는 생각들이 전혀 없습니다. 왜냐하면 '나'라는 생각이 없기 때문입니다. 깨어나면서 '나'라는 생각이 일어나는 순간, 자연히 다른 모든 생각들이 일어납니다. 그러므로 가장 지혜로운 일은 이 주된 생각인 '나'라는 생각을 붙잡고 그것이 무엇인지 조사함으로써 다른 생각들이 관심을 흩뜨릴 여지를 주지 않는 것입니다. 자기 탐구의 진정한 가치와 마음을 제어하는 효과가 여기에 있습니다.

* * *

그러면 아뜨만이 신이라는 말씀입니까?

그대는 어려움을 느낍니다. '나를 아는 것'인 자기 탐구는 '쉬 보함(나는 쉬바다.)'이나 '소함(나는 그분이다.)' 명상법과는 다른 방법입니다. 나는 나 지식을 강조합니다. 왜냐하면 그대는 먼저 그대 자신과 관련되어 있으며, 세상과 신을 아는 일은 그 다음 문제이기 때문입니다. '소함' 명상이나 "나는 브람만이다."의 명상은 어느 정도 정신적인 생각입니다. 그러나 내가 말하는 자기 탐구는 직접적인 방법이며, 다른 명상법보다 확실히 나은 방법입니다. 왜냐하면 그대가 자기 탐구의 흐름 속으로 들어가서 더욱더 깊이 들어가는 순간, 진정한 나는 그대를 맞아들이기 위해 그곳에서 기다리고 있기 때문입니다. 그 뒤에 이루어지는 일들은 모두 다른 무엇에 의해 이루어지며, 그대는 그 일에 관여하지 않습니다. 이 과정에서 모든 의심과 논의들은, 마치 그대가 잠들었을 때 모든 근심들을 한동안 잊듯이, 자동적으로 잊혀집니다.

다른 무엇이 그곳에서 저를 맞이하기 위해 기다린다는 것을 어떻게 확신 할 수 있습니까?

그대가 충분히 발전하면 자연히 확신하게 됩니다.

어떻게 하면 그 정도로 발전할 수 있습니까?

다양한 대답들이 있습니다. 그러나 이전까지의 발전 정도가 어떻든지 간에 자기 탐구는 그 발전을 더 빨라지게 합니다.

그것은 순환 논법입니다. "나는 발전했기 때문에 탐구를 잘할 수 있다. 탐구 자체가 나를 발전시킨다."

마음은 항상 이 같은 어려움이 있습니다. 마음은 자기를 만족시키기 위하여 어떤 이론을 원합니다. 진지하게 신에게 다가가기를 원하는 사람, 자신의 진정한 존재를 깨닫기를 원하는 사람에게는 사실 어떤 이론도 필요치 않습니다.

***

한 방문객이 명상을 하는 동안에 자신의 상상의 자아와 싸우는 동안 큰 어려움을 경험한다. 그는 가르침을 받기 위해 스승을 찾아온다.

저는 명상을 하면서 거짓된 '나'를 없애려고 노력합니다. 하지만 아직까지는 성공하지 못했습니다.

어떻게 '나'가 스스로 자기를 없앨 수 있겠습니까? 그대가 할 일은 오직 그것의 근원을 찾고 그 안에 머무는 것입니다. 그대가 노력할 수 있는 것은 거기까지입니다.

명상 중에는 마음의 활동이 한 점에, 명상이 대상에 모여야 하는데 그렇지 않은 것 같지 않습니다. 마음은 거기에 머물지 않고 수많은 생각의 통로들 속으로 흘러 들어갑니다. 왜 그렇습니까? 수많은 생각들로 산만해지는 마음의 이 습성을 극복하고 생각이 없는 본연의 상태를 얻으려면 어떻게 해야 할까요?

명상 동안에 마음을 방황하게 하는 것은 나가 아닌 것들로 이루어진 대상들에 대한 마음의 집착입니다. 그러므로 나 아닌 것들로부터 마음을 거두어들여야 하고, 마음이 자기 탐구에 자리 잡을 수 있도록 노력해야 합니다. 그대가 "탐구를 하는 자는 누구인가?"라는 한 가지 질문에 온 마음을 맞출 때, 나머지 모든 생각들은 효과적으로 제거됩니다.

탐구의 결과로서 '나'는 나 아닌 것들 즉 몸, 감각, 감각 기관들에 의해 지각된 대상들과 본질적인 관계가 없다는 분명한 결론에 도달했는데도 불구하고, 마음은 나 아닌 것을 이루고 있는 바로 이런 것들 뒤를 계속하여 따라 다닙니다. 왜 그렇습니까? 또 어떻게 해야 이 버릇을 고칠 수 있습니까?

그것은 아비야사(꾸준한 수행) 또는 바이라기야(무집착 혹은 포기)가 부족하기 때문입니다. 지속적인 실천을 통해 자기 탐구가 한결 같아지고 확신을 통해 포기의 정신이 확고해지면, 그대의 마음은 나 아닌 것에 대해 생각하는 습성에서 자유로워질 것입니다.

어떻게 해야 한결같이 탐구할 수 있습니까?

더욱 탐구하는 수밖에 없습니다.

***

16.
다른 영적 수행들-쁘라나야마

⚜

쁘라나야마 즉 호흡 조절은 모든 요가 수행에서 중요한 위치를 차지하고 있다. 라마나의 길에서는 그것이 어떤 역할을 하는가? 호흡과 마음 둘 다는 같은 의식의^{conscious} 근원을 가지고 있다. 그것들은 영적 가슴에서 일어나고 영적 가슴 속으로 가라앉는다. 따라서 하나를 제어하면 다른 하나도 제어할 수 있다. 호흡 조절을 통한 마음의 제어는 명상을 시작할 때, 혹은 마음이 내면에 머물 수 있는 힘을 얻기까지 한동안 유용하다. 호흡 조절은 숨을 들이쉬고 내쉬고 멈추는 방식이 들어있는 하따 요가 수행을 통해 할 수 있다.

라마나는 마음으로 호흡을 지켜보기를 권고한다. 꾸준히 그렇게 지켜보면 마음이 고요해지게 된다.

호흡 조절을 통한 마음의 고요는 일시적이다. 그것은 자동차 브레이크를 밟는 것이나 말의 고삐를 당기는 것, 또는 끈으로 소를 잡아매거나 그물로 새를 잡는 것과 같다. 제어 수단이 일단 풀리면, 마음은 다시 생각들도 채워진다. 따라서 호흡 조절은 마음을 제어하기 위한 독립적으로 효과적인 수단이라기보다는 오히려 보조적인 수단으로 보아야 한다. 일단 호흡 조절을 통해 마음이 고요해지면, 그 고요한 마음을 자기 탐구를 통해 내면으로 밀어 넣어야 한다. 마음의 통제는 그 자체가 목적이 아니며, 마음이 내면으로 움직여 가슴의 자기장 안으로 들어갈 수 있도록 하기 위한 발판이기 때문이다.

***

진리를 가장 잘 아는 분이며 영적 가슴의 과학을 설명한 성자 라마나는 마음을 통제하는 방법에 대해 다음과 같이 말하였다.

잠재적인 습성들이 강하여 끝없이 생각에 사로잡히고 대상들에 집착하는 사람들은 마음을 통제하기가 어렵다고 느낍니다.

호흡을 조절하여 변덕스러운 마음을 제어해야 합니다. 그러면 마음은 밧줄에 매인 동물처럼 방황을 멈추게 됩니다.

호흡을 조절하면 생각들을 통제할 수 있습니다. 그러면 생각들의 근원에 머물게 됩니다.

호흡의 흐름을 마음으로 지켜보면 호흡이 조절됩니다. 그렇게 꾸준히 지켜보면 호흡이 안정됩니다.

만일 마음의 힘이 부족하여 호흡을 꾸준히 지켜볼 수 없다면, 하따 요가의 방법을 따라서 호흡을 조절하는 것이 좋다.

내쉼과 들이쉼과 멈춤의 시간 비율을 1:1:4로 하면, 호흡이 흐르는 통로들이 정화됩니다.

통로들이 정화되면 점차 호흡이 조절됩니다. 그런 조절이 꾸준해지면 호흡이 자연스러워집니다.

현자는 "나는 몸이다."라는 개념의 포기를 내쉼으로 여기고, 자기 탐구를 들이쉼으로 여기며, 가슴 속에 거하는 것을 자연스러운 가라앉음으로 여깁니다.

마음은 신성한 음절의 반복으로도 통제됩니다. 그러면 음절과 마음과 호흡은 하나가 됩니다.

마음과 호흡이 하나가 되는 것을 디야나라 합니다. 그것이 깊어지고 확고해지면 자연스러운 상태에 이르게 됩니다.

의식에 늘 뿌리를 내리고 있는 위대한 존재들과 날마다 꾸준히 함께 하면, 마음이 그것의 근원과 합일됩니다.

17.
다른 영적 수행들-의문과 답변

＆

각자가 가장 잘 따를 수 있는 영적 수행은 자연스럽게 끌리는 수행법일 것이다. 그 방법이 그에게는 최선일 것이다. 만일 다른 길을 따르는 사람이 자기 탐구를 접하게 된다면, 새로 자기 탐구를 시작해야 하는가 하는 의문이 일어날 것이다. 그리고 어떻게 하면 이제까지 수행해 온 방법과 라마나의 길이 가장 잘 결합될 수 있는지 알고 싶어질 것이다. 여기에 대한 대답은 우리는 기존의 수행법에 더하여 언제라도 자기 탐구를 할 수 있으며, 그것은 뚜렷한 효과를 발휘한다는 것이다. 어느 수행법을 따르고 있건 우리는 두 가지 기초를 붙잡아야 한다. 첫째는 근본적인 것으로서 노력 자체의 목표 혹은 목적이다. 물질적인 혜택을 기대하는 것과는 분명히 별개로 우리는 영적으로 진보하기를 원한다. 이러한 목표는 그것이 참나 지식일 때에만 의미 있을 것이다. 둘째 측면은 우리가 따르는 방법은 우리 자신을 목표와 연결시키도록 도와야 한다는 것이다. 이를 위해서는 자기 탐구가 최선의 방법이다. 그러므로 "자신이 진정 누구인가"에 대한 의문을 놓치지 말고, 신을 숭배하건 신성한 음절이나 이름을 암송하건 혹은 요가를 하건 자신이 선택한 영적 수행을 계속해야 한다. 그러면 목표와 수단이 하나로 통합될 것이다.

우리는 삶 속의 본분과 행위들이라는 틀을 떠나지 말고 그 안에서 진리를 찾아야 한다. 이것은 명상 중에 얻은 평화의 흐름이 하루 내내 이어지도록 노력함으로써 이루어진다. 그러면 모든 것이 바르게 보일 것이다. 원치 않는 생각들이 일어날 때는 억누르거나 숨기지 말고 그 생각들이 누구에게 일어나는지 질문해야 한다. 우리는 생각들을 원하는 대로 고를 수 없다. 왜냐하면 좋아하는 생각을 허용하면 좋아하지 않는 생각도 역시 들어올 것이기 때문이다. 우리는 생각들이 참나에 대한 관심을 분산시킨다는 것을 기억해야 한다. 생각을 가라앉히는 최선의 길은 그것들의 근원을 탐구하는 것이다. 영원한 실재와 비실재를 식별하는 것은 분명 도움이 되지만, 우리의 마음을 내면으로 향하게 하는 것은 주체에 대한 지속적인 관심이다. 그 뒤에는 자연스러운 기쁨을 경험하게 된다.

***

어느 길을 택하든 마음은 가라앉아야 한다고 봅니다. 우리는 마음이 통제되어야 한다는 말을 듣습니다. 그런데 한편으로 마음은 쉽게 잡히지 않는 실체이고 다른 한편으로 우리가 계속 세상적인 걱정을 하는데, 정말 그렇게 될 수 있겠습니까?

　흐음. 바다를 한 번도 보지 못한 사람이 바다를 알려면 직접 바다에 가 보아야 합니다. 그가 바다에 도착하여 한없이 드넓은 물 앞에 서게 되면, 바다에서 헤엄치고 싶은 마음이 들 수 있습니다. 그런데 만일 그가 거세게 밀려오는 파도를 보면서 그냥 그곳에 서서 "이 모든 파도들이 잠잠해질 때까지 기다려야겠다. 파도가 잠잠해지면 바다에 들어가서 우리 동네의 연못에서처럼 편안하게 헤엄을 쳐야지."라고 생각한다면, 그것이 무슨 소용이 있겠습니까? 바다는 창조의 순간부터 이제까지 끊임없이 활동하고 있으며 세상이 끝날 때까지 계속 그러할 것이라는 점을 스스로 혹은 누군가에게 들어서라도 깨달아야 합니다. 그때 그는 있는 그대로의 바다 속으로 들어가서 헤엄치는 법을 배우겠다고 결심할 것입니다. 물속으로 서서히 걸어 들어가서, 아마 미리 지도를 받은 뒤, 하나의 파도가 올 때 그 밑에 잠겨 파도가 지나가도록 놓아두는 법을 배울 것입니다. 그렇게 하는 동안에 자신의 호흡이 자연적으로 멈추어질 것입니다. 곧 그는 파도가 계속 밀려와도 물속에 잠겨 있는 법을 익히게 되고, 그리하여 재난을 당하지 않고 헤엄치겠다는 목적을 이룹니다. 바다는 계속 활동할 것이고, 그는 그 안에 있지만 바다에서 자유롭습니다.

　마하리쉬는 한동안 멈춘 뒤 다시 덧붙였다.

여기에서도 마찬가지입니다.

* * *

그대의 마음은 명상을 갈망하는 것 같습니다.

무슨 소용이 있겠습니까? 저는 여기에서 부엌일밖에 하지 않는데요.

손과 발이 일하게 놓아두십시오. 그대는 손이나 발이 아닙니다. 그대는 움직이지 않는 존재입니다. 이것을 알지 못하는 한 문제들은 끝이 없을 것입니다. 만일 그대가 자신을 몸이라고 여기면, 그대는 이원성에 얽매이게 됩니다. 일이 힘들어 보일 것입니다. 그러나 그대가 일을 하지 않는다고 해서 마음이 방황하기를 그치겠습니까? 마음은 우리가 평안히 잠드는 것조차 허용하지 않습니다. 마음은 꿈을 꿀 때에도 계속 방황합니다.

* * *

명상하는 동안에는 일시적인 평화만을 얻을 뿐입니다. 평화가 지속되게 하려면 어떻게 해야 합니까?

마음을 내면으로 향하고 그래서 참나 안에 자리 잡으면, 그대는 신을 볼 수 있습니다. 신은 반드시 자신을 의식으로서 드러낼 것입니다.

평화와 행복을 대상적인 세계와 그 다양한 환경들에서만 찾는 사람은 실패할 수밖에 없습니다. 고요를 지키면서 내면에 있는 평화의 보물에 대해 알도록 하십시오. 그것만이 완전함을 낳습니다. 조절된 마음으로 내면으로 들어가서 영적인 충만을 경험하십시오. 사다나를 계속하십시오. 꾸준히 하십시오. 그러면 그대가 일하고 있는 동안에도 그 자리에 평화가 있음을 알게 될 것입니다. 평화의 흐름이 지속되게 하십시오.

* * *

명상을 하다 보면 여자에 관한 속된 생각 등 여러 가지 생각들이 일어나 마음을 어지럽힙니다. 제가 어떻게 해야 합니까?

원치 않는 생각들이 일어날 때는 즉시 그 자리에서 다루어야 합니다. 내면을 향하여 근원 속에 잠기도록 하십시오. 마음이 바깥으로 향하면 안으로 돌리십시오. 방심하지 말고 꾸준히 경계하고 더욱더 수행하십시오. 마음이 쉽게 흔들리는 것은 아마도 그대의 삼스까라(타고난 경향성)가 강하기 때문일 것입니다. 더욱 노력하고 그리고 그것들과 직면하십시오. 이것이 영적 수행에서 도전해야 할 과제입니다.

***

저는 어떤 수행법을 택해 수행해야 할까요?

그것은 그대의 자질과 발달단계에 달려있습니다.

저는 신의 형상을 숭배하려 합니다.

그렇게 하십시오. 마음이 한 곳에 모이게 될 것입니다. 하나에 집중하십시오. 모든 것이 다 잘될 것입니다. 사람들은 자유가 다른 어느 곳에 있으며 세상을 버린 뒤에 찾을 수 있는 것이라고 상상합니다. 자유는 그대 안에 있는 그대 자신을 아는 것입니다. 한 가지 생각에 계속 머물러 있도록 하십시오. 그러면 그대는 앞으로 나아갈 것입니다. 그대의 마음이 바로 세상입니다.

제 마음은 너무 쉽게 흔들립니다. 어떻게 해야 합니까?

어떤 한 마음을 붙잡고 거기에 매달리십시오. 모든 것이 다 잘 될 것입니다.

집중하기가 힘듭니다.

계속 수행하십시오. 나중에는 집중이 호흡만큼 쉬워질 것입니다. 그것이 성취의 월계관일 것입니다.

금욕이나 순수한 음식 같은 것들은 도움이 되나요, 되지 않나요?

그래요, 그것들은 다 좋습니다.

마하리쉬는 말을 멈추고 고요히 허공을 응시하고 있다. 그것은 질문자가 즉시 본받고 따를 수 있는 본보기일 것이다.

요가를 수행해야 하지 않을까요?

그것은 집중이 아니고 무엇입니까?

요가의 힘을 입는 것, 도움을 받는 것이 낫지 않을까요?

호흡 조절과 같은 것들은 많은 도움이 됩니다.

신을 보는 것은 불가능합니까?

아닙니다. 그대는 이것저것을 봅니다. 왜 신은 보지 못하겠습니까? 신이 무엇인지만 알면 됩니다. 모두가 늘 신을 보고 있습니다. 단지 그들은 그렇다는 것을 깨닫지 못하고 있을 뿐입니다. 신이 무엇인지 깨닫도록 하십시오. 사람들은 눈으로 보면서도 보지 못합니다. 신을 모르기 때문입니다.

신을 숭배할 때는 바잔이나 나마 자빠 같은 것들을 하지 말아야 합니까?

아닙니다. 마음으로 반복하는 것은 아주 좋습니다. 그것은 디야나에 도움이 될 것입니다. 마음은 자빠와 일체가 되고, 그대는 진정한 뿌자(숭배 의식)가 무엇인지 알게 될 것입니다. 그것은 숭배하는 대상 속으로 몰입되어 개별성을 잃는 것입니다.

빠람아뜨마는 언제나 우리와 다릅니까?

차이는 어떤 사람이 지금 가지고 있는 견해 때문에 존재합니다. 그러나 그를 그대와 다르지 않다고 생각함으로써 그대는 그와 같아집니다.

그것이 아드바이따가 아닌가요? 자기 자신이 되는 것.

됨이 어디에 있습니까? 생각하는 자는 언제나 실재와 동일하게 있습니다. 그는 종국에는 그 사실을 깨닫습니다.

* * *

저는 제 구루의 가르침과 글에 따라 구루 만뜨라를 자빠로 수행하며 그 형상에 대해 명상을 하고 있습니다. 제가 이제 "나는 누구인가?"라고 묻는 탐구의 방법에 따라 명상을 해도 되겠습니까? 만일 그렇게 하고 싶은 마음이 제게 든다면, 제가 이 방법을 택하기에 적합한 것일까요?

'나'도 역시 구루 만뜨라입니다. 신의 첫 번째 이름은 '나'입니다. 옴^{OM}은 그 뒤에 옵니다. 진정한 나는 언제나 '나-나'라고 말하고 있습니다. 그 자빠를 행하는 사람 즉 '나'가 없이는 만뜨라도 없습니다. '나'라는 자빠는 내면에서 늘 계속되고 있습니다. 자빠는 디야나로 인도하고, 디야나는 갸나로 인도합니다. 그대는 끌리는 대로 사구나 명상(형상에 대한 명상)을 행할 수도 있고 탐구라는 방법을 행할 수도 있다. 자신에게 가장 적합한 방법만이 마음을 끌 것입니다.

저는 앞서 말씀 드린 사구나 명상과 별개로 자빠, 만뜨라, 바잔, 영성 포교, 강연, 종교 서적 출판 등 여러 가지 형태의 사다나를 행했습니다. "나는 누구인가?"라고 묻는 탐구에 더하여 짬짬이 이런 것들을 계속해야 할까요? 아니면 이것들 중 일부 혹은 전부를 줄이고 탐구에만 시간을 쓸까요? 탐구를 빨리 진전시키는 데 이런 수행들이 도움이 될까요?

나 지식을 놓지 않는다면, 내면의 통제자가 하도록 지시하는 대로 모든 활동들을 계속해도 좋습니다. 그것들은 그대의 노력 없이도 계속될 것입니다. 그대가 하기로 정해진 일을 그대는 피할 수 없습니다. 그것들은 저절로 그대에게 주어질 것입니다. 그대는 또한 자빠나 바잔과 같은 것들이 무엇을 위한 것인지를 이해해야 합니다. 있는 그대로 머물도록 하십시오. 진정한 자빠는 늘 계속되고 있습니다. 이름과 신은 동일합니다.

저의 신앙과 겸손, 복종은 현재 충분한 상태인가요, 아니면 몹시 부족하여 더 많은 발전이 필요한가요? 만일 그렇다면 어떻게 해야 그것들을 빨리 완전하게 발전시켜 이른 시일 안에 자아를 없애고 참나를 깨달을 수 있을까요?

자질이 부족하다거나 불완전하다는 등의 생각들을 품고 있지 마십시오. 그대는 이미 완전합니다. 불완전하다는 생각, 발전이 필요하다는 개념을 버리십시오. 깨달을 것도 없고 없앨 것도 없습니다. 그대는 참나입니다. 자아는 존재하지 않습니다. 탐구를 계속 하면서, 깨달을 것이나 없앨 것이 과연 있는지 보십시오. 통제되어야 할 어떤 마음이 있는지 보십시오. 그런 노력조차도 존재하지 않는 마음에 의해 만들어지고 있습니다.

이 명상 홀에 앉아 있는 동안 스승님의 영적 진동을 마음이 더욱 잘 받아들이도록 하려면, 홀에 있을 때 탐구에 대한 노력이 더 자주 더 오래 이루어지게 하려면 혹은 그런 노력이 쉬워지게 하려면, 제가 어떻게 해야 할까요?

마음을 고요히 하십시오. 그것으로 충분합니다. 이 홀에 앉아 있는 것은 그대에게 도움이 될 것입니다. 노력의 목적은 모든 노력을 없애는 것입니다. 고요해지면 그 힘이 뚜렷이 느껴질 것입니다. 영적 진동은 어디에나 존재합니다. 마음이 고요해지면 그것들이 분명하게 나타날 것입니다.

***

왜 우리는 집중해야 합니까?

집중과 명상이나 모든 영적 수행은 참나를 깨닫기 위해 행해지는 것이 아닙니다. 참나는 늘 현존하기 때문입니다. 그것들은 무지가 존재하지 않고 있음을 깨닫기 위해 있는 것입니다. 모든 사람은 자신의 존재를 인정하고 있으며, 그것을 자신에게 증명해 줄 거울을 필요로 하지 않습니다. 존재는 자각이며, 자각은 무지의 부재입니다. 그런데 왜 사람은 고통을 겪습니까? 왜냐하면 그는 실제 자신이 아닌 것들을 자신이라고 상상하기 때문입니다. 그는 자신이 몸, 이것, 저것, 그 밖의 다른 것들이라고 믿으면서 "나는 고빨이며, 빠라슈람의 아들이며, 나떼산의 아버지다."라는 식으로 말합니다. 사실 그는 오직 지성적인 '나'$^{\text{I-am}}$일 뿐이며, 성질이나 첨가물 혹은 이름과 형상이 없는 존재입니다. 그는 꿈이 없는 깊은 잠을 잘 때도 그의 몸과 이 모든 성질, 모습과 색깔을 봅니까? 그럼에도 그는 몸이 없는 그때에도 자신이 존재하고 있음을 부인하지 않습니다. 그는 깨어 있을 때에도 그 존재를, 오직 그 존재만을 붙들어야 합니다. 현자는 단순히 존재할 뿐입니다. "나는 스스로 존재한다$^{\text{I-Am-That-I-Am}}$."는 진리 전체를 요약하는 말입니다. 그 방법은 "고요하라. 그리고 내가 신임을 알라."는 말로 요약됩니다. 고요는 무엇을 의미합니까? 생각을 그치는 것입니다. 생각은 형상, 색깔, 성질, 시간, 공간, 모든 개념과 교훈들로 된 우주입니다.

* * *

C씨는 1926년에 빠딴잘리 수뜨라(잠언)들을 읽은 것이 자신에게 얼마나 큰 영향을 미쳤는지 얘기한다. 그는 첫 부분의 몇몇 잠언들을 읽고서 빠딴잘리의 가르침이 진실하다고 확신했다. 그러나 안타깝게도 1936년에 슈리 바가반을 만나기까지는 그를 적절히 인도해 줄 사람을 만나지 못했다.

빠딴잘리의 첫 수뜨라들은 실로 모든 요가 체계의 절정입니다. 모든 요가는 마음의 동요를 그치는 것을 목표로 합니다. 경전에 언급된 마음 조절을 위한 여러 방법들을 이용하면 이렇게 할 수 있는데, 이것은 의식을 모든 생각으로부터 자유롭게 하고 순수하게 유지시켜 줍니다. 노력이 필요합니다. 사실은 노력이 요가 그 자체입니다.

저는 노력은 깨어 있는 상태에서 이루어져야 한다고 생각합니다. 해방은 깨어 있는 상태에서만 얻어질 수 있을 테니까요.

그렇습니다. 마음 조절을 하기 위해서는 자각이 필요합니다.

자각이 없다면 누가 노력할 수 있겠습니까? 잠을 잘 때나 약물에 취해 있을 때는 노력을 할 수 없습니다. 게다가 자유는 완전한 자각에서 얻어져야만 합니다. 실재 자체는 순수한 자각이기 때문입니다.

오직 자각만이 존재하는 것 같습니다. 왜냐하면 어떤 것을 알려면 지식이 있어야 하기 때문입니다.

물론입니다. 주체적인 지식─지식, 즉 앎 자체가 갸나입니다.

이 말씀은 잘 이해가 되지 않습니다.

왜 그러합니까? 지식은 보는 자와 보이는 것을 연결하는 빛입니다. 그대가 칠흑 같이 어두운 도서관에서 어떤 책을 찾아야 한다고 가정해 봅시다. 주체인 그대와 대상인 책이 그곳에 있지만, 그대가 빛이 없이 그 책을 찾을 수 있습니까? 그대를 결합시키려면 빛이 있어야 합니다. 모든 경험에서 주체와 대상을 연결하는 것은 의식입니다. 그것은 바탕이며 동시에 경험의 목격자입니다.

***

B씨는 슈리 바가반의 열렬한 헌신자이다. 며칠 전 그는 하나뿐인 외아들을 잃었고, 이 일로 마하리쉬와 신의 자비에 대한 믿음

이 흔들렸다. 그는 항의의 표시로 며칠 동안 아쉬람을 찾지 않았는데, 오늘은 그가 준비한 긴 질문 목록을 갖고서 슈리 바가반과 논쟁을 하기 위해 찾아 왔다. 몇몇 답변을 받은 뒤 그는 만족했다.

무엇이 믿음입니까?

믿음, 사랑, 은총은 모두 그대의 본성이며 참나입니다.

그렇다면 믿음과 은총은 오직 참나를 깨달을 때에만 얻을 수 있겠군요. 그 전까지 우리가 믿음이니 사랑이니 은총이니 하는 것들은 변하기 쉽고 진실이 아니겠군요.

그렇습니다.

슬픔도 하나의 생각일 뿐인가요?

모든 생각들은 슬픈 것입니다.

기분 좋은 생각들조차 슬픈 것이겠군요.

그렇습니다. 왜냐하면 생각들은 참나로부터 관심을 벗어나게 하기 때문입니다. 참나는 희석되지 않은 행복입니다.

* * *

무엇이 바가반을 아루나짤라로 오게 하였습니까?

무엇이 그대를 여기로 오게 하였습니까?

저는 바가반의 영적 관점이 마두라이를 떠나던 날과 지금 어떤 차이가 있는지를 알고 싶습니다.

차이가 없습니다. 같은 경험이 변함없이 더 강해졌을 뿐입니다.

그렇다면 바가반께서 아루나짤라를 찬양하는 노래를 지을 필요가 어디에 있습니까? 그 노래는 그분을 위한 것입니까, 우리를 위한 것입니까?

왜 그 노래들을 지었는지 저도 모릅니다. 다른 사람들을 위한 것 일지도 모릅니다.

삶이 무엇입니까?

물질적으로 말하면 삶은 몸입니다. 영적으로 말하면 삶은 궁극의 의식입니다. 그대가 삶을 어떻게 바라보느냐에 달려 있습니다.

* * *

스승님, 제가 세상에 도움이 될까요?

그대 자신을 도우십시오. 그러면 세상을 돕는 것이 될 것입니다.

예수와 슈리 크리슈나처럼 기적을 행해도 될까요?

그들이 기적을 행할 때 자신이 기적을 행하고 있다는 것을 의식했겠습니까?

아니오, 스승님. 그들은 단지 신의 능력이 일할 수 있도록 하는 매체였을 뿐입니다.

* * *

우리가 보는 현상들은 흥미롭고 놀랍습니다. 그러나 우리는 그 모든 것 가운데 가장 경이로운 것, 즉 하나의, 오직 하나뿐인 무한한 힘이 우리가 보는 모든 현상들과 그것들을 보는 행위의 원인이라는 것을 깨닫지 못하고 있습니다. 삶과 죽음과 현상들이라는 이 모든 변하는 것들에 그대의 관심을 고정시키지 마십시오. 그것들을 보고 그것들을 지각하는 실제 행위에 대해서도 생각하지 말고, 오직 이 모든 것들을 보는 '그것', 이 모든 것들의 원인인 '그것'만을 생각하십시오. 처음에는 이렇게 하기가 거의 불가능해 보일 것입니다. 하지만 조금씩 결과가 느껴질 것입니다. 날마다 꾸준히 실천해야 하며, 긴 시간이 걸릴 것입니다. 한명의 스승은 그렇게 만들어집니다.

날마다 자기 자신에게 15분씩 할애하되, 눈을 뜨고서, 보는 '그것'에 마음이 확고히 고정되게 하십시오. 그것은 그대 자신 안에 있습니다. 마음을 쉽게 고정할 수 있는 어떤 것으로서 '그것'을 발견하게 될 것이라고 기대하지 마십시오. 그것은 그렇지 않을 것입니다. '그것'을 찾는 데 긴 시간이 걸릴 수 있지만 이런 집중의 결과들은 곧, 아마 네다섯 달 안에, 온갖 종류의 무의식적인 통찰력으로, 평화로운 마음으로, 힘든 문제들을 다루는 능력으로, 다방면의 능력을 통하여, 늘 무의식적인 힘으로 스스로 드러날 것입니다. 저는 스승들이 친밀한 제자들에게 주는 것과 같은 말들로 이 가르침을 그대들에게 전합니다. 이제부터 명상을 할 때는 그대의 온 생각을 보는 행위나 보는 것 what you see 에 머무르지 않게 하고, 보는 '그것'에 흔들림 없이 머물게 하십시오.

* * *

이날 저녁은 고요했고 구름이 끼어 흐렸다. 이따금씩 보슬비가 내려서 꽤 선선한 날씨였다. 아쉬람 홀의 창문들은 닫혀 있었고 마하리쉬는 평소처럼 소파에 앉아 있었다. 몇몇 헌신자들은 그를 마주보며 바닥에 앉아 있었다.

꾸달로르의 배석 판사인 K씨는 이모 및 사촌 누나와 함께 마하리쉬를 찾아 왔다. 꾸달로르의 변호사인 라구빠띠 샤스뜨리도 동행했다. 그 자리에는 아쉬람 거주자와 상시 방문자들이 일고여덟 명쯤 있었는데, 그 가운데는 슈리 니란자나난다 스와미(찐나스와미), 에짬말, 가나빠띠 바뜨, 비슈와나따 아이어, 무루가나르, 그리고 마하데반 등이 있었다. 그때는 오후 6시경이었고, 대화는 주로 마하리쉬와 꾸달로르 방문자들 사이에 이루어졌다. K씨는 세상적인 것들의 덧없음에 대해 얘기하며 대화를 시작했다.

삿-아삿-비빠라나(실재와 비실재를 탐구하는 것)는 그 자체로 불멸의 존재를 깨닫도록 인도하는 효과가 있습니까?

모든 진실한 구도자들이 깨닫고 말하듯이, 만약 그렇게 말해도 된다면, 브람마-니슈따(브람만 안에 거주)만이 우리로 하여금 그것을, 우리의 존재로서 우리 안에 있는 존재로서, 알고 깨닫게 할 수 있습니다. 아무리 뛰어난 비베까나(식별력)도 우리를 띠아기나(포기자)로 만듦으로써, 또한 아바사(무상한 것)를 버리고 영원한 진리와 현존만을 굳게 붙잡도록 북돋움으로써 한걸음 앞으로 더 나아가게 할 수 있을 뿐입니다.

＊＊＊

현자나 성자와 삿상을 갖는 것이 필요하지 않을까요?

그렇습니다. 그러나 최고의 삿상은 그대의 '참나' 안에 본래 내재되어 있습니다. 그것이 또한 진정한 구하바삼(동굴 안에 사는 것)입니다. 동굴 안에 거주하는 것은 그대의 '참나' 속으로 들어가는 것입니다. 현자와의 교제는 틀림없이 큰 도움이 될 것입니다.

"나는 누구인가?"라는 질문을 던질 때도 생각이 고요해지지만, 제가 반복하는 만뜨라의 근원을 추적해도 역시 그렇게 되는 것 같습니다. 이런 식으로 만뜨라를 계속하면 어떤 문제가 있을까요? 오로지 "나는 누구인가?"라는 질문만 해야 하나요?

아닙니다. 그대는 어떤 생각이나 만뜨라든 그 근원을 추적할 수 있습니다.

자빠나 만뜨라의 효과는 무엇입니까?

전환입니다. 마음은 생각의 급류가 흐르는 수로이며, 만뜨라는 이 흐름을 가로막고 필요한 곳으로 물을 대는 제방 혹은 댐입니다.

얼마간 고요한 채로 있다가 생각이 끼어들면, 처음에는 압연 공장 안이나 근처에서 들을 수 있는 것과 비슷한 소리가 들리고, 조금 뒤에는 증기 기관 차의 기적 같은 소리가 들립니다. 이런 소리는 제가 집에서 명상하는 동안에만 들렸는데, 이곳에서는 제가 스승님 앞에 앉아 있건 아쉬람을 산책하건 늘 그

소리가 들립니다. 지금 들리는 소리는 윙윙거리는 벌 소리와 비슷합니다.

그 소리를 누가 듣는지 물어보십시오. 때때로 이 질문을 반복하십시오.

제 노력에 이슈바라[12]의 도움을 받는 것에 대해 알고 싶습니다. 기도나 숭배를 하면 이슈바라의 도움이 확실해질 수 있습니까? 그렇게 하면 도움이 되지 않을까요?

이슈바라의 은총과 이슈바라를 숭배하는 것 등은 모두 매개 수단으로 채택하는 것들이며, 아직 목적지에 도착하지 않았을 때 채택될 필요가 있는 것들입니다. 목적지에 도달하면 신은 참나입니다.

어떤 수단들이 도움이 될까요?

각각의 상황에 따라 다릅니다.

어떤 길이 제게 가장 적합할까요? 신이 모든 도움을 주지 않을까요?

박띠, 까르마, 갸나 그리고 요가, 이 모든 길은 하나입니다. 신

---

12 인격신, 형상을 하고 있는 신.

을 알지 못하면 신을 사랑할 수 없고, 신을 사랑하지 않으면 신을 알 수 없습니다. 사랑은 그대가 행하는 모든 일에서 자신을 나타내며, 그것이 까르마입니다. 마음의 지각을 발전시키는 것은 그대가 바른 방법으로 신을 알거나 사랑하기까지 필요한 예비단계입니다.

"나는 신이다."라는 생각을 계속해도 될까요? 그것은 바른 수행인가요?

왜 그렇게 생각해야 합니까? 사실 그대는 신입니다. 그런데 "나는 사람이다.", "나는 사람이다."라고 계속해서 말하거나 생각하는 사람이 누가 있습니까? 만약 이에 반하는 생각, 예를 들어 자신이 짐승이라는 생각을 물리쳐야 한다면, 물론 "나는 사람이다."라고 말할 수 있을 것입니다. 잘못된 상상에 따라 자신이 이것 혹은 저것이라고 믿는 그릇된 관념이 물러날 때까지, 그는 이런 것들이 아니며 신 또는 참나라는 개념이 자리 잡을 때까지 계속 그렇게 말할 수 있을 것입니다. 그러나 수행이 끝날 때, 그 결과는 어떤 (이를테면 "나는 신이다."와 같은) 생각도 아니며 그저 참나 깨달음일 뿐입니다. 그것은 개념적인 생각의 너머에 있습니다.

모든 존재를 사랑하고 모든 것을 아는 전능한 신이 깨달음에 필요한 것들을 모두 주지 않을까요?

질문자의 마음속 생각은, "우리는 늘 구루의 기분과 선호에 의

지해야 하나요, 그가 아무리 위대할지라도? 그렇다면 참나와 참나 신뢰의 자유는 어디에 있습니까?"라는 것이었다.

질문자의 마음속 고민을 그 자신보다 더 잘 아는 듯 바가반으로부터 대답이 화살처럼 빠르게 곧장 날아왔다.

(자신의 몸을 가리키며) 이 몸을 구루라고 생각하지 마십시오.

참나 깨달음에 이르기가 쉽지 않은 것 같아 걱정입니다.

왜 자신의 진로에 실패를 예견하여 자기 자신을 망치려 합니까? 계속 밀고 나아가십시오. 그러면 됩니다. 성실한 구도자에게는 참나 깨달음이 순식간에 찾아올 것입니다.

***

걱정과 세상의 삶이 저를 괴롭히고, 어디에서도 행복을 찾지 못합니다.

잠을 잘 때도 이런 걱정이 그대를 괴롭힙니까?

아닙니다.

그대는 잠잘 때와 같은 사람입니다. 그렇지 않습니까?

그렇습니다.

따라서 그 걱정은 그대의 것이 아님을 알 수 있습니다. 마음이 실재한다고 믿는 사람들은 마음이 비실재인 것처럼 보이는 상태 속으로 마음을 잠기게 할 수 없을 것입니다. 그 도둑은 경관의 제복을 입고 속입니다. 그러므로 우리는 마음의 실제 성질을 알아서 마음을 소멸시키는 법을 배워야 합니다. 사람들은 제게 마음을 통제하는 법을 묻습니다. 마음은 생각의 다발일 뿐입니다. 생각들의 모임인 마음이 어떻게 그것을 통제하겠다는 생각에 의해 통제되겠습니까? 그러므로 생각의 근원으로 가십시오. 아뜨만을 찾도록 하십시오. 그대가 마음을 내면으로 향하게 하면, 모든 고통이 끝날 것입니다. 만일 그대가 세상은 개인의 상상에 의해 창조된다고 느낀다면, 그 상상은 포기되어야 할 것입니다. 만일 그대가 신이 세상을 창조했다고 생각한다면, 그대의 모든 책임을 그분에게 넘기고 온 세상의 짐을 그분에게 내맡기십시오.

18.
더 많은 의문과 답변

 라마나는 무엇보다도 참나 지식이 가장 필요하다는 것을 반복하여 지적한다. 세상을 돕거나 개혁하려는 모든 노력은 참나를 자각하기 전에는 마치 다리를 못 쓰는 신체장애자가 만약 다리만 성하다면 적들을 물리칠 것이라고 말하는 것과 같을 것이다. 따라서 사회봉사나 나라에 대한 봉사에 관한 의문이 제기될 때마다 라마나는 맨 먼저 돌보아야 할 문제는 자기 자신에 대한 진리를 발견하는 것이라고 말하곤 했다. "남을 돕겠다고 말하기 전에 먼저 그대의 집을 정돈하십시오. 그대가 누구인지 발견하십시오."
 또한 라마나는 삿구루의 가르침을 연구하여 지적인 확신을 하는 데 만족하지 말고 앞으로 계속 나아가기를 권고했다. 중요한 것은 경험이며, 이것은 꾸준하고 성실하게 자기 탐구를 계속하지 않으면 올 수 없는 것이다. 우리는 삿구루 라마나가 처방한 약을 먹어야한다.

자기 탐구와 다른 수행법들의 상관관계에 관한 의문을 다룰 때에도 라마나는 질문자를 근원의 의식으로 되돌리곤 했다. "만뜨라의 소리의 근원은 무엇입니까?", "요가를 하는 자는 누구입니까?" 등등. 요가든 까르마든 헌신이든 모든 것이 자기 탐구 안에 있기 때문이다.

자기 탐구에 이끌리기 전까지 행한 노력들을 쓸모없는 것이라고 여길 필요는 없다. 이와 반대로 우리가 자기 탐구에 이끌리는 것은 이런 노력과 그로 인한 마음의 정화가 제공하는 토대 때문이다.

＊＊＊

다음 대화는 힌두 샤스뜨라에 정통한 인도 북부 출신의 몇몇 방문자들이 슈리 라마나스라맘을 방문했을 때 이루어졌다. 처음에는 학구적인 질문으로 대화가 시작되었으나, 마하리쉬는 이를 즉시 실질적인 문제를 다루는 대화로 바꾸었다.

만약 궁극의 실재가 하나이고 절대적이라면, 왜 세상은 하나의 보이는 대상으로서, 그리고 그것을 보는 주체와 다르게 나타나는 것입니까? 대상을 자신과 다른 것으로 보는 자는 누구입니까?

이 질문을 하는 자는 누구입니까?

진리를 찾는 사람입니다.

그가 누구입니까?

진리를 알고자 하는 사람입니다.

만약 단지 진리를 알고자 하는 대신 그에게 아누바바^{anubhava}가 있다면, 이와 같은 질문들은 일어나지 않을 것입니다.

맞습니다. 깨달음 뒤에는 그런 질문들이 일어나지 않을 것입니다. 하지만 그런 경험을 하기 전까지는 깨달음에 대한 바람뿐 아니라 궁극적인 실재의 본성에 관한 의문들도 있을 것입니다. 그래서 왜 세상은 그것을 보는 주체와 다른 대상으로 보여야 하느냐 하는 의문이 일어납니다. 저는 깨달음에 대한 바람이 성취되기 전까지만 이런 질문이 의미가 있다는 것을 인정합니다. 그러나 그때까지는 이 질문이 남아 있을 것이며 대답을 받아야 합니다.

그대의 질문에 아무런 대답이 없다는 것이 유일한 대답입니다. 왜냐하면 그 질문은 실제로 일어나지 않고 있기 때문입니다. 진리를 알기 위해서는 그것을 알고자 하는 그대가 그대 자신으로, 근본 존재의 모습으로 존재해야만 합니다. 그러므로 그대가 맨 먼저 알아야 할 것은 그대 자신입니다. 알거나 모른다고 그대 자신이 단정하고 있습니다. 그대는 그대 자신이 진리를 모르고 있으며 진리를 알고 싶다고 말했습니다. 마음으로 하여금 "나는 안다.", "나는 모른다."와 같은 생각들에 끌리는 대신, '나' 자체가 무엇인지를 탐구하도록 해야 합니다. 그런 탐구를 통해서 그대는 홀로 그리고 절대적으로 있는 그것이 참나임을 발견할 것이며, 그것은 생각하거나 토론할 문제가 아니라 직접 경험해야 할 문제임도 알게 될 것입니다. 그러면 지금과 같은 그대의 질문, 즉 세상은 왜 주체에 의해 하나의 대상으로 보여야 하는가 하는 질문은 전혀 일어날 수 없습니다. 일어나지 않는 질문에는 대답이 있을 수 없습니다.

그렇다면 제가 어떻게 '나'를 알아야 합니까?

이 질문 자체를 조사함으로써 할 수 있습니다. 그것을 통해 그대는 경험 즉 아뜨마누부띠를 얻습니다. 진리를 알고자 하는 불타는 갈망은 진리를 경험할 때까지 유익한 목적에 이바지할 것입니다.

***

바가반이시여, 수행을 하다 보면 '나'라는 생각이 때로는 내면으로 향하고 다른 때에는 바깥을 향합니다. 이처럼 '나'라는 생각이 내면을 향하는 것이 지식입니까?

만일 내면으로 들어간 마음이 다시 바깥으로 나온다면 그것은 수행일 뿐입니다. 지식은 영속하는 경험이기 때문입니다.

***

어떻게 하면 우리가 알려지지 않은 것을 아는 자가 될 수 있습니까?

찾는 자 자신이 아는 자가 됩니다. 알려져야 할 것은 이미 거기에 있습니다. 새롭게 알려져야 할 것은 아무것도 없습니다. 더욱이 둘은 없습니다. 오직 보는 자와 아는 자만이 있을 뿐입니다.

저는 바가반께서 모든 존재의 샷구루로서 설명해 주시기를 청하였습니다.

그대는 오로지 참나일 수밖에 없습니다. 참나를 아는 것은 참나로 존재하는 것입니다. 자연스러운 상태에 머물러 있으십시오.

깨달음을 확고히 하려면 베다나 또는 적어도 쁘라슈따나뜨라야(바가바드 기따, 다소빠니샤드, 브람마 수뜨라와 그 주석들)를 공부해야 하지 않을까요?

그렇지 않습니다. 그대가 그대 자신을 아는데 그 모든 것들이 필요합니까? 그 모든 것들은 지적 재산이며, 다른 사람들이 의심과 어려움을 일으킬 때 혹은 그대 자신이 생각을 하다가 의심과 어려움을 만나게 될 때 그것들을 설명하는 데 쓸모가 있습니다. 그러나 깨달음을 얻기 위해 그 모든 것들이 필요한 것은 아닙니다. 신선한 물을 마시고 싶을 때, 그대는 갈증을 풀기 위해 갠지스 강의 모든 강물을 다 마실 필요는 없습니다.

스와미지, 제게 이것을 가르쳐 주셨으니 이제 제가 지식을 얻은 건가요?

아닙니다. 그대는 이제 막 지적인 토대를 갖추고 필요한 의지의 전환을 할 수 있게 되었을 뿐입니다. 그대가 해야 할 일은 깨닫는 것입니다. 그대는 한 병의 감로를 받았습니다. 그러나 그것을 직접 맛보아야만 행복을 얻을 수 있습니다. 그것이 확고해지는 것은 오직 깨달음을 통해서입니다. 그러면 그대로 하여금 실재하지 않는 것, 참나가 아닌 것을 자기라고 믿게 만드는 묵은 경향성들이 소멸되고, 그대는 진정으로 자유로우며 참나 아닌 것으로 방해받지 않는 모습으로 남게 됩니다. 이 영속적인 자유 혹은 끊임없는 깨달음을 해방 혹은 해탈^{release}이라고 한다.

*　*　*

우리가 세상에서 사람들의 고통을 볼 때, 마음은 몹시 흔들립니다. 저는 미력이나마 그들을 위해 뭔가를 하고 싶습니다.

그대는 어떤 종류의 도움을 주고 싶습니까? 그대는 자기 자신이 누구인지도 모르면서 어떻게 남들을 도우려 합니까? 남들에 대해 얘기하기 전에 먼저 그대의 집을 정돈하십시오. 세상은 그대 없이도 살아갈 수 있습니다. 자기 자신에 대해 아무것도 모르는 사람이 어떻게 남들을 도울 수 있겠습니까? 무엇보다도 먼저 그대가 진정으로 누구인지 알려고 노력하십시오. 그대는 지금 제 앞에 앉아 있는 인간의 몸일 뿐입니까? 남들을 돕기 전에 먼저 이것을 아십시오. 그대가 누구인지 알아보십시오. 만약 그대가 자기 자신을 안다면, 모든 것이 해결될 것입니다.

＊＊

슈리 라마나스라맘에 온 뒤로 이제는 만뜨라를 반복하거나 어떤 종류의 숭배 의식도 행하고 싶은 마음이 생기지 않습니다. 제가 죄를 짓는 것이나 아닌지 걱정됩니다.

그대는 자빠(만뜨라를 반복하는 것)를 행했기 때문에 그 공덕으로 여기로 오게 되었습니다. 그런데 자빠의 결실을 즐기면서 왜 이제 두려워해야 합니까?

＊＊

《비짜라 샹그라함》과 같은 베단따 경전들은 금식의 이로움을 칭송하고 있습니다. 정기적으로 금식하는 것은 좋지 않습니까?

그 경전들은 음식을 먹거나 물을 마시지 말라고 말하는 것이 아닙니다. 그것들이 말하고자 하는 바는 몸을 괴롭히지 않으면서도 명상에 이로울 정도의 제한된 음식을 먹어야 한다는 것입니다.

*　*　*

저희는 참나 깨달음에 도움이 되는 실제적인 안내를 원합니다.

(성경 구절을 인용하며) 고요하고 내가 신임을 알라. (여기에 덧붙여) 신은 '내가 신'임을 '알라'고 말했지, 그렇게 '생각하라'고 말하지 않았습니다.

*　*　*

참나 깨달음은 쉽지 않습니까?

그래요, 쉽습니다. 처음에는 그렇게 보이지만 어려움도 있습니다. 그대는 현재의 잘못된 가치 기준과 그릇된 동일시를 극복해야 합니다. 그러므로 탐구에는 집중적인 노력이 필요하며, 근원에 이르러서는 그 안에 꾸준히 머물러야 합니다.

그렇지만 단념할 필요는 없습니다. '나'를 찾겠다는 갈망이 일어나는 것 자체가 바로 신의 은총 덕분입니다. 일단 이 갈망이 그대를 붙잡으면, 그대는 은총의 손아귀에 붙잡힌 것입니다. 호랑이의 입 속에 들어간 먹이가 결코 빠져나올 수 없듯이. 신의 은총의 움켜쥐는 힘은 결코 느슨해지지 않으며 마침내 그대를 삼켜 버립니다.

✱✱✱

다음은 슈리 라마나 슈라이가 바가반에게 질문하고 바가반이 답변한 내용이다.

비짜라 즉 자기 탐구와 신성한 음절을 반복하는 것(만뜨라 자빠)은 어떤 관계에 있습니까?

비짜라는 그 자체가 만뜨라와 자빠이며, 따빠스와 희생이며 요가입니다.

그렇다면 비짜라를 수행하는 사람들은 만뜨라를 반복할 필요가 없다는 말씀이십니까?

비짜라는 모든 만뜨라의 근원이며 본질입니다. 이 말은 만뜨라를 반복하는 것 자체에 집착하지 말아야 한다는 뜻입니다. 비짜라는 만뜨라를 배제하지 않습니다.

때로는 무의식중에 비짜라와 자빠가 서로 겹쳐집니다. 그때에는 어떻게 해야 합니까?

예전에 수행한 결과로 노력 없이도 이런 일이 일어납니다. 그러나 비짜라와 자빠가 '나' 없이 일어날 수 있습니까? 어느 것을 하든지 그대의 주의를 '나' 혹은 만뜨라의 근원에 고정시켜야 합니다.

비짜라를 하는 동안 때때로 텅 빈 상태에 이릅니다.

텅 빔이 보이건 충만함이 보이건, 거기에는 그것을 보는 자가 있습니다. 그 텅 빔을 보는 자가 누구인지 찾아보십시오. 대답은 '나에게'일 것입니다. 그 '나'가 누구인지 찾아보십시오. 그대가 탐구를 하면, 습관으로 인하여 나타나는 텅 빔이 사라질 것입니다. 어떤 것의 나타남이나 사라짐, 어떤 것을 보거나 보지 않음은 자연스러운 것이 아닙니다. 따라서 어떤 종류의 지각이 있더라도 탐구를 해야 합니다. 그 뒤에 남아 있는 것이 '나'입니다.

***

19.
함정과 왜곡

라마나의 길에서 마음은 관심의 초점이다. 라마나는 호흡을 조절하고 마음으로 끊임없이 호흡을 지켜봄으로써 생각을 잠재울 수 있다고 설명한다. 숨을 들이쉬고, 숨을 참고, 숨을 내쉬는 것과 같은 수행들도 마음을 고요하게 하려는 목적에 도움이 된다. 그것은 기관차의 브레이크를 밟는 것과 같다. 강력한 마음 집중도 마음을 멈추게 한다. 그러나 이 모든 방법들의 효과는 일시적일 뿐이다. 제어를 그만두거나 집중을 그치자마자, 마음은 생각들로 넘쳐흐른다. 따라서 천 년 동안 그런 수행을 행한다 할지라도 참나 지식을 향한 진보는 이루어지지 않는다. 라마나는 이것을 마노라야, 즉 마음을 잠시 잠재우는 것이라고 말했다. 그래서 그는 '의식을 되살아나게 하고', 생각들을 들여보내는 것에 의하여 그것을 극복할 필요가 있다고 강조한다. 만약 그렇지 않으면 무수한 생각들이 뜨거운 프라이팬에서 뛰어올라 잠이라는 불로 떨어질 것이다.

마음으로 하여금 방심하지 않고 일점 집중하여 그것의 핵심, '나', 주체를 늘 탐구하도록 하는 것이 중요하다. 우리가 잠에 빠지지 않으면서 생각들의 지배를 끝낼 수 있는 것은 오직 의식적인 자기 탐구를 통하는 길뿐이다. 그러면 마음은 죽을 것이다. 혹은 마노라사 즉 마음의 소멸이 있을 것이다. 이것은 정확히 무엇을 뜻하는가? 그것은 마음이 순수해졌으며, 따라서 왜곡 없이 의식을 반영할 수 있다는 것을 의미한다. 마음은 '나-나' 진동이라고 불리는 본연의 희열을 알아차린다.

구도자는 참나 지식을 얻는 데 적절치 않은 문제들로 산란해지지 않도록 경계해야 한다. 목표를 잊지 말아야 한다. 더 많은 경전 지식을 얻으려는 욕망과 세상에 대한 염려, 그리고 갸니가 니르바나에 들 때 그 몸에 일어날 일에 대한, 다른 사람의 부도덕한 행위에 대한, 다른 사람을 돕는 것 등에 대한 관심들은 구도자로 하여금 자기 탐구의 한결같은 추구에서 벗어나 길을 잃고 헤매게 한다. 우리는 인생의 목적을 되풀이해서 상기해야 한다. 그 목적은 본연의 자연스러운 상태로 회복되는 것이다.

* * *

'나'가 솟아나는 근원을 탐구하다 보면 마음이 고요한 상태에 도달하는데, 그 상태에서는 더 나아갈 수가 없습니다. 어떤 생각도 없고 그저 텅 빔과 허공만 있습니다. 부드러운 빛이 가득 차 있는데, 저는 그것을 몸이 없는 제 자신이라고 느낍니다. 몸과 형상은 지각되지도 않고 보이지도 않습니다. 그 경험은

30분쯤 계속되는데 기분이 좋습니다. 영원한 행복을 얻기 위해 필요한 것은 이 경험이 몇 시간씩, 며칠씩 그리고 몇 달씩 계속될 수 있도록 수행을 계속하는 것이라고 결론 내려도 되겠습니까?

이것은 구원이 아닙니다. 그러한 상태는 마노라야 즉 생각의 일시적인 정지라고 불리는 것입니다. 마노라야는 집중을 의미하며 생각의 움직임을 일시적으로 억제하는 것입니다. 이 집중이 그치면 곧바로 예전의 생각이나 새로운 생각들이 밀려들며, 비록 이 마음의 일시적인 잠재움이 천년 동안 계속되더라도 그것은 생각의 완전한 소멸로 이끌지는 않을 것입니다. 생각의 완전한 소멸이 탄생과 죽음으로부터의 해방 혹은 구원이라고 불리는 것입니다. 그러므로 수행자는 늘 경계해야 하며, 누가 이 경험을 하는지, 누가 그것을 기분 좋게 느끼는지에 대해 내면으로 탐구를 해야 합니다. 이렇게 탐구하지 않으면 그는 긴 몽환 상태나 깊은 잠에 빠질 것입니다. 영적 수행의 이 단계에서 적절한 인도를 받지 못한 까닭에 많은 사람들이 구원에 대한 잘못된 인식에 현혹되어 희생되었으며, 오직 소수의 사람들만이, 전생에 쌓은 공덕이나 지극한 은총 덕분으로, 목표에 안전하게 도달할 수 있었습니다.

그 뒤 슈리 바가반은 다음 이야기를 들려주었다.

한 요기가 갠지스 강가에서 오랫동안 고행을 하고 있었습니다. 고도의 집중력을 얻게 되자, 그는 그 상태로 오랫동안 계속 있으면 해방을 얻을 것이라 믿고서 열심히 수행했습니다. 어느 날 깊은 집중에 들어가기 전, 그는 갈증을 느꼈고 제자에게 갠지스 강에서 마실 물을 조금 떠오라고 말했습니다. 그러나 그는 제자가 물을 갖고 도착하기 전에 사마디에 들어갔고, 수없이 오랜 세월을 그 상태에 머물렀습니다. 그 동안 많은 물이 다리 밑으로 흘러갔습니다. 그는 이 경험에서 깨어나자마자 맨 먼저 물을 달라고 요구했습니다. "물! 물!" 그러나 그곳에는 그의 제자도 갠지스 강도 보이지 않았습니다.

그가 처음으로 요청한 것은 물이었습니다. 왜냐하면 깊은 집중으로 들어가기 전, 그의 마음속 생각의 맨 위층은 물이었기 때문입니다. 아무리 깊고 아무리 긴 집중이라도 그가 집중을 통해 할 수 있었던 일은 그저 그의 생각들을 일시적으로 잠재울 수 있는 것뿐이었습니다. 따라서 그가 다시 의식을 회복했을 때 맨 위층에 있던 이 생각은 둑을 부수며 달리는 홍수의 속력과 힘으로 뛰쳐나왔습니다. 만약 이것이 그가 명상을 위해 앉기 직전에 형성된 생각이었다면, 이전에 더 깊이 뿌리를 내린 생각들은 여전히 소멸되지 않고 남아 있을 것입니다. 만약 생각의 전멸이 구원이라면, 그가 구원되었다고 말할 수 있겠습니까?

구도자들은 이러한 마음의 일시적인 정지(마노라야)와 생각의 영원한 파괴(마노나사) 사이의 차이점을 좀처럼 이해하지 못합니다.

전자에서는 생각의 물결이 일시적으로 가라앉으며, 비록 이 일시적인 기간이 천 년 동안 지속되더라도, 이처럼 일시적으로 정지된 생각들은 마노라야가 그치자마자 다시 떠오르게 됩니다. 그러므로 그대는 자신의 영적 진보를 주의 깊게 지켜보아야 합니다. 생각의 일시적인 정지에 현혹되지 않도록 해야 합니다. 이것을 경험하는 순간, 의식을 소생시켜 이 정지를 경험하는 자가 누구인지를 탐구해야 합니다. 한편으로는 어떠한 생각들도 끼어들지 못하도록 해야 하며, 동시에 이와 같은 깊은 잠이나 자기 최면이 덮치지 않도록 해야 합니다. 이것은 목표를 향한 진보의 표시이기도 하지만, 또한 해방으로 가는 길과 요가 니드라가 갈라지는 지점이기도 합니다. 해방으로 가는 쉬운 길, 직접적인 길, 지름길은 탐구라는 방법입니다. 그러한 탐구를 통해서, 그대는 생각의 힘이 마침내 그것의 근원에 도달하여 그 속으로 몰입될 때까지 더 깊이 들어가게 할 것입니다. 그때 안에서 응답이 있을 것입니다. 그러면 그대는 모든 생각을 단호하게 파괴하고 그곳에서 안식하고 있다는 것을 알게 될 것입니다.

생각의 일시적인 정지는 흔히 수행을 하다 보면 자동적으로 옵니다. 이것은 진보의 명백한 표시이지만, 그것을 영적 수행의 최종 목적지로 착각할 위험성이 있습니다. 영적인 안내자가 필요한 곳은 정확히 이곳이며, 그 안내자가 없었더라면 결실 없이 낭비될 수도 있었을 수행자의 수많은 시간과 에너지를 그는 절약하게 해 줍니다.

***

순수한 마음이 진리를 반영한다고 말하는 것은 참나는 마음 너머에 있으며, 마음은 생각과 언어의 너머에 있는 브람만을 알 수 없다는 말과 모순되는 것처럼 보입니다.

마음은 이중적$^{\text{two-fold}}$이라고 말하는 것은 이 때문입니다. 순수한 높은 마음도 있고 불순한 낮은 마음도 있습니다. 불순한 마음은 그것을 알 수 없지만 순수한 마음은 압니다. 그 말은 순수한 마음이 헤아릴 수 없는 참나, 브람만을 헤아린다는 의미가 아닙니다. 그 말은 참나가 순수한 마음 안에서 드러난다는 뜻이며, 그리하여 생각들의 한가운데에 있을 때도 그대는 그 현존을 느끼고, 자신이 더 깊은 참나와 하나이며 생각의 물결들은 오직 표면에만 있다는 진실을 깨닫습니다.

그렇다면 스승님께서 말씀하시는 마노나사, 즉 마음 혹은 자아의 파괴는 그때 절대적인 파괴가 아니라는 뜻이 됩니다.

그렇습니다. 마음은 불순한 것들을 멀리하고 진리나 진정한 참나를 반영할 만큼 충분히 순수해집니다. 자아가 활발하거나 독단적일 때는 이것이 불가능합니다.

*　*　*

오, 이 사람들은 얼마나 대단한가. 우리의 바가반과 토론할 수 있을 만큼 학식이 풍부하고 이해가 깊으니, 이들은 얼마나 운이 좋은 사람들인가. 이들과 비교할 때 경전의 지식이 조금도 없는 나는 대체 무엇이란 말인가?

(헌신자의 생각을 읽고서) 무엇이라고요? 이것은 껍데기일 뿐입니다! 책에서 배운 이 모든 지식과 경전을 기억하여 암송하는 능력은 아무런 쓸모가 없습니다. 진리를 알기 위해서는 지식을 습득하는 이 모든 고통을 겪을 필요가 없습니다. 진리에 이르는 것은 경전을 읽어서 되는 것이 아닙니다. 고요하십시오. 그것이 진리입니다. 멈추십시오. 그것이 신입니다.

그대는 면도를 합니까?

예.

아, 면도를 할 때 그대는 거울을 사용합니다. 그렇지 않습니까? 그대는 거울을 들여다보고 그 뒤에 얼굴을 면도합니다. 그대는 거울 속의 모습을 면도하지는 않습니다. 이와 비슷하게 모든 경전은 단지 깨달음의 길을 보여 주기 위한 것에 불과합니다. 그것들은 수행과 성취를 위한 것입니다. 그저 책을 읽고 배우거나 토론하는 것은 거울 속의 모습을 면도하는 사람과 비교할 수 있습니다.

* * *

심지어 아쉬람의 거주자들 가운데에도 결함과 결점, 바람직하지 않은 습성이 있습니다. 왜 그럴습니까?

그러한 결점이 발견되지 않는 곳은 어디에 있습니까? 그것들은 어디에나 있습니다. 만약 우리가 우리의 목적, 우리 자신의 인생의 목표를 바라본다면, 이런 것들은 우리의 마음을 흩뜨리지 않을 것입니다.

* * *

저는 브람만로까에 가기를 원합니다. 인도해 주십시오.

그대는 브람만로까에 가기를 원합니까?

제가 얻고자 애쓰는 것은 그것입니다. 샤스뜨라가 권하는 것은 그것 입니다.

그런데 그대는 지금 어디에 있습니까?

저는 지금 스승님의 면전에 있습니다.

불쌍합니다! 그대는 바로 지금 브람만로까에 있는데도 다른 어떤 곳에서 그것을 얻기를 원합니다! 브람만 니슈따가 있는 곳이 브람만 로까임을 아십시오. 브람만 니슈따는 완전한 자이며, 나타나는 모든 것을 초월하여 품고 encompasses and transcends 있습니다. 그는 스크린이며, 전체 현상들은 영상들이 화면 위를 이동하듯이 그 위를 지나가고 있습니다. 그대는 목까지 물에 잠긴 채 늘 갠지스 강물 속에 서 있으면서도 목마르다며 물을 찾는 사람과 같습니다. 브람만 로까를 얻고 싶어 하는 '나'가 죽게 하십시오. 그러면 그대 안에 있는 브람만이 깨달아질 것입니다.

***

이 몸이 사라져 무 nothingness 가 되도록 할 수 있습니까?

왜 이 질문을 합니까? 그대가 이 몸인지 아닌지를 왜 알아보지 않습니까?

우리는 비슈바미뜨라와 다른 리쉬들처럼 마음대로 나타나고 사라질 수 없습니까?

이것들은 몸의 문제에 관한 논쟁들입니다. 그것이 우리의 본질적인 관심의 대상입니까? 그대는 아뜨만이 아닙니까? 왜 다른 문제들에 대해 생각 합니까? 본질을 추구하십시오. 쓸모없는 다른 논쟁들을 거부하십시오. 목샤가 사라지는 데 있다고 믿는 사람들은 길을 벗어나 있습니다. 그러한 것은 필요치 않습니다. 그대는 몸이 아닙니다. 몸이 어떻게 사라지느냐, 이렇게 사라지느냐 저렇게 사라지느냐가 왜 중요합니까? 몸이 이 방법으로 사라진다고 해서 다른 방법을 통하는 것보다 나을 것이 없습니다. 모든 것은 하나입니다. 하나 안에 우월과 열등이 어디에 있습니까? 몸을 잃는 것이 아니라 '나'를 잃는 것이 중심적인 진실입니다. 그대를 속박하고 있는 것은 "나는 몸이다."라는 생각입니다. 중요한 것은 그런 생각을 버리고 실재를 지각하는 것입니다. 그대는 금붙이를 산산이 부순 뒤에야 그것이 금인 줄 알 수 있습니까? 만약 그대가 그것이 금으로 되어 있다는 진실을 지각한다면, 그것이 둥근 모양이건 가루이건 무슨 문제입니까? 죽는 사람은 자신의 몸을 보지 않습니다. 몸이 어떤 식으로 죽는지에 대해 생각하는 것은 다른 사람입니다. 깨달은 사람에게는 죽음이 없습니다. 몸이 활동하든지 죽든지, 그는 똑같이 의식하고 있으며 차이를 보지 않습니다. 그에게는 그 어떤 것도 다른 것보다 우월하지 않습니다. 다른 사람에게도 묵따의 몸이 어떻게 사라지느냐는 중요치 않습니다. 그대 자신의 깨달음에만 관심을 가지십시오. 그러면 그 뒤에 어떤 형태의 죽음이 더 바람직한지 알 수 있을 충분한 시간이 있을 것입니다.

* * *

우리는 행위의 결실로서 스와르가(천상의 세계)를 얻지 않습니까?

왜요? 그것은 지금 이 세계의 존재만큼이나 진실로 있습니다. 그러나 만약 우리가 무엇인지 탐구하여 참나를 발견한다면, 스와르가와 같은 것들을 생각할 필요가 어디에 있겠습니까?

* * *

스승님께서는 왜 조국 인도를 속박하고 있는 족쇄를 부수는 데 마하뜨마 간디와 함께 그 거대한 에너지를 사용하지 않으십니까?

그대는 신에 관하여, 천상에 관하여, 그리고 현자들이 그처럼 큰 문제들을 해결하기 위하여 어떻게 일하는지를 알기를 원합니다. 그러나 그대는 자신이 진실로 무엇인지를 알 때까지는 이러한 문제들을 조금도 이해할 수 없습니다. 먼저 그대 자신을 아십시오. 그러면 그 밖의 모든 것을 명백히 알게 될 것입니다.

만약 사두들이 사람들과 어울리고 그들을 개선시킨다면, 그것은 매우 좋을 것입니다.

갸니의 눈에는 다른 사람들이 없습니다. 그래서 그에게는 다른 사람과 어울린다는 것이 없습니다.

우리는 애국심을 가져야 하고 조국에 봉사해야 하지 않겠습니까?

먼저 본연의 그대 자신으로 존재하십시오. 모든 진리와 행복은 거기에 있습니다. 다른 사람이 되려고 애쓰면 자아가 들어옵니다. 그대는 세상이 그대의 힘에 의해 정복될 것이라고 생각합니다. 그러나 그대가 참나를 향하여 내부로 향하면, 더 높은 힘이 어디에나 작용하고 있다는 것을 알게 될 것입니다.

* * *

명상을 하는 동안이나 마친 뒤, 저는 세상의 불행한 사람들에 대해 많은 생각을 하게 됩니다.

먼저 이 '나'가 실재하는지를 알아보십시오. 이러한 생각을 갖는 것은 '나'입니다. 그리고 그 생각의 결과로 그대는 자신이 약하다고 느낍니다. 그러므로 몸과의 동일시가 어떻게 일어나는지를 알아보십시오. 몸 의식은 모든 고통의 근본 원인입니다. "나는 누구인가?"라는 질문을 물을 때, 그대는 그것의 근원을 알게 될 것이며 '나'는 파괴될 것입니다. 그 뒤에는 더 이상의 질문이 없을 것입니다.

제가 어떻게 다른 사람들을 도울 수 있을까요?

그대가 도와줄 사람이 어디에 있습니까? 다른 사람들을 돕겠다는 '나'는 누구입니까? 먼저 그 문제를 푸십시오. 그러면 모든 문제가 저절로 풀릴 것입니다.

* * *

20.
수행

우리가 참나를 자각할 때까지는, 행위가 자신의 행위이며 결과들은 행위에 달려 있다는 행위자 의식은 어느 정도 있게 마련이다. 여기에 있는 사람들은 행위를 위한 힘과 그것의 성공에 대한 책임이 신에게, 삿구루의 은총에게 달려 있다는 진리는 알지 못한다. 라마나가 영적인 영역에서도 노력할 필요가 있다는 것을 강조하는 것은 이 때문이다. 라마나는 구도자가 느슨한 태도로 수행하는 것을 권장하지 않는다. 구도자는 필요한 노력을 해야 한다. 그러면 틀림없이 스승의 인도가 있을 것이다.

라마나가 강조하는 또 다른 점은 스승의 인도는 본질적으로 내면에서 나오므로, 수행만이 스승의 도움과 원조를 놓치지 않고 민감하게 알아차리도록 돕는다는 것이다. 또한 "명상을 할수록 명상이 더 쉬워집니다." 왜냐하면 그 명상은 저류가 되어 수행자가 명상을 하고 있지 않고 어떤 활동에 종사하고 있을 때에도 계속되기 때문이다.

수행자는 노력이 약화되지 않도록 늘 경계해야 한다. 꾸준한 수행의 결과로 일어나는 변형은 뚜렷이 느껴지지 않을 수도 있다. 왜냐하면 길을 따라 이정표가 세워져 있는 것은 아니기 때문이다. 이것은 조급함과 열정의 감소, 흥미의 상실로 이어질 수 있다. 따라서 라마나는 신은 자신의 일을 알고 있으며, 적절한 때가 되면 반드시 그 결과를 낳게 해 준다고 확언한다. 수행자는 그의 노력이 결코 헛되지 않을 것임을 확신하며 앞으로 나아갈 수 있다. 만약 '결심의 꾸준한 추진력'이 있다면, 결국에는 모든 일이 다 잘될 것이다.

***

저의 마음이 계속해서 방황하고 있습니다. 어떻게 해야 합니까?

마음이 한 가지 생각에 고정되도록 노력하십시오.

그렇게 할 수 있게 되면, 그 뒤에는 어떻게 해야 합니까?

어떤 사람들은 오자마자 갸니가 되기를 원합니다. 그들은 필요한 노력을 무시합니다.

***

꿈바꼬남에서 두 숙녀가 왔다. 그들 가운데 한 명이 말했다.

저희를 빨리 해방시킬 어떤 비법을 전수해 주시기를 원합니다.

바가반은 침묵을 지켰다. 얼마 후 그녀가 다시 말했다.

부디 말씀해 주십시오. 저희는 기차를 타야 합니다.

그녀는 이 말을 여러 번 반복했다. 자비로운 바가반은 화를 내는 대신 (무루가나르를 보며) 입을 열었다.

누구에게 무지가 있는지 알아보라고 저분들에게 말하십시오. (그리고 나중에 덧붙였다.) 그들은 반드시 기차를 타야 한다며 기차에 타기 위해 저토록 서두르고 있습니다. 그들은 여기에 잠시 있는 사이에 '목샤'에 이를 수 있는 지름길을 원합니다. 그것이 가게에서 살 수 있는 물건입니까?

＊＊＊

스와미지, 저는 아무것도 원하지 않습니다. 그저 저에게 해방을 주십시오.

(껄껄 웃으며) 해방이 가게에서 파는 상품입니까? 제가 그것을 어디에 숨겼습니까? 모든 것을 버리는 것이 해방입니다. 내가 내줄

어떤 것이 따로 있습니까?

* * *

무엇이 가장 좋은 명상법입니까? 어떤 사람들은 두 눈썹 사이의 중앙에 집중하는 것이 빠른 결과를 낳는다고 말합니다.

중요한 것은 확고한 결심입니다. 코끝에 집중하건, 두 눈썹 사이의 중앙이나 다른 어디에 집중하건 별 차이는 없습니다. 정말로 중요한 것은 만뜨라의 근원에 주의를 기울이는 것입니다. 그 소리는 영적 가슴에서 나옵니다. 거기에 주의를 고정시키십시오. 불굴의 끈기만이 중요합니다. 명상을 할수록 명상이 더욱 쉬워집니다. 마침내 그것은 자연스럽게 됩니다.

* * *

바른 삶을 살고 우리의 나에 생각을 집중하기 위해 노력하다 보면 종종 넘어지고 쓰러질 때가 있습니다. 이럴 때는 어떻게 해야 합니까?

결국에는 다 잘될 것입니다. 넘어지고 쓰러질 때마다 다시 일어서게 하는 결심의 꾸준한 추진력이 그대에게 있습니다. 장애들은 점점 사라지고, 그대의 흐름은 점점 강해집니다. 결국에는 모든 것이 다 잘됩니다. 필요한 것은 확고한 결심입니다.

***

명상은 마음의 통제를 통해서만 가능하고, 마음의 통제는 명상을 통해서만 얻어질 수 있다고 합니다. 이것은 순환논법이 아닌가요?

그것들은 서로 의존하고 있습니다. 사실 명상에는 마음 통제, 즉 끼어드는 생각들을 빈틈없이 지켜보는 것이 포함되어 있습니다. 처음에는 통제를 위한 노력이 실제 명상을 위한 노력보다 더 크게 마련입니다. 그러나 나중에는 자연히 명상이 우세해지고 노력 없이 이루어집니다.

그러기 위해서는 스승님의 은총이 필요합니다.

수행은 필요합니다. 거기에 은총이 있습니다.

명상을 하는 동안 마음속으로 암송해야 하는 말들이 있습니까?

명상이란 하나의 생각을 마음으로 반복하는 것이 아니고 무엇입니까? 그것은 마음으로 하는 자빠이며, 말로 시작해서 결국은 참나의 침묵으로 끝납니다.

***

바가반은 슈랏다라고 하는 것, 즉 성실하게 목표를 추구하는 것을 설명하기 위하여 아쉬람의 오랜 거주자 두 명과 그 자리에 있던 몇몇 방문객들에게 어느 산야시와 그의 제자들에 관한 이야기를 들려주었다.

옛날에 여덟 명의 제자를 둔 스승이 있었습니다. 어느 날 그는 보관해 온 필기장에서 그의 가르침을 필사하라고 모든 제자들에게 지시했습니다. 가정을 떠나기 전에 안락한 생활을 했던 어느 제자는 자기 힘으로 필사를 할 수 없었습니다. 그래서 동료 제자에게 2루삐를 주면서 자기를 위해서도 필사본을 만들어 달라고 부탁했습니다. 어느 날 스승은 제자들이 쓴 필사본을 검사했고, 두 권이 같은 필체로 쓰인 것을 보고서 제자들에게 어찌된 영문인지 해명하라고 말했습니다. 필사를 부탁한 제자와 대신 써 준 제자가 사실대로 털어놓았습니다. 스승은 말하기를, 진실을 말하는 것이 영적 구도자의 필수적인 자질이지만 그것만으로는 목표에 이를 수 없으며 슈랏다(목표를 성실하게 추구하는 것)도 역시 필수적이라고 했습니다. 그러고는 자신의 일을 다른 제자에게 맡긴 제자는 이것을 보이지 못했으므로 제자의 자격이 없다고 말했습니다. 스승은 또한 그 일의 대가를 지불한 데 대해 언급하면서, '해방'은 그보다 더 많은 대가가 필요하다며 자기 밑에서 수련을 하느니 차라리 돈을 주고 그것을 사라고 비꼬았습니다. 그렇게 말하면서 스승은 그 제자를 내보냈습니다.

***

바가반이시여, 저는 지난 몇 해 동안 꾸준히 이곳을 찾아왔지만 아직도 아무런 진전이 없습니다. 저는 예전과 마찬가지로 나쁜 죄인일 뿐입니다.

이 길에는 이정표가 없습니다. 그대는 자신이 얼마나 멀리 나아갔는지를 어떻게 확신할 수 있습니까? 왜 그대는 기차의 일등석 승객처럼 행동하지 않습니까? 그는 차장에게 자신의 목적지를 알려준 뒤, 문을 닫고서 편안히 잠을 잡니다. 그가 할 일은 그것뿐입니다. 정확히 그 역에 도착하면 차장이 그를 깨울 것입니다.

***

마음의 근원에 머물기 위해 노력했지만 아무 소용이 없었습니다. 제가 성공할 수 있도록 축복해 주십시오.

무엇이 장애물입니까?

깊이 뿌리박힌 저의 경향성입니다. 스승님의 은총이 필요합니다.

그대가 거듭하여 노력하면 그것들은 반드시 없어질 것입니다. 신의 일은 신에게 맡기십시오. 그대는 그대에게 맡겨진 일을 해야 합니다. 때가 무르익으면 그대 역시 늘 작용하고 있는 신의 은총을 느끼게 될 것입니다. 은총은 자동적으로 작용할 것입니다. 다음 세 가지를 명심하십시오. (1)개인의 노력, (2)적당한 때, 그리고 (3)신의 은총. 우리의 행복한 삶에 늘 관심을 기울이는 것이 신의 일입니다. 신에게 신의 일을 상기시킬 필요는 없습니다. 수행자가 범하기 쉬운 실수는 신의 은총이 없다는 잘못된 생각으로 노력을 포기하는 것입니다. 그러나 수행자는 노력을 게을리 해서는 안 됩니다. 왜냐하면 신의 은총은 때가 무르익으면 반드시 작용하기 때문입니다.

* * *

21.
은총

스승의 은총은 신의 은총이다. 그것들은 다르지 않다. 참나 지식을 한결같이 추구하는 데 은총이 있을 자리는 어디인가? 여기에 관해서는 두 가지 견해가 있다. 한 가지 견해는 헌신자나 제자는 엄마 고양이가 들어 올려 다른 곳에 둘 때까지 바깥에 머물러 있는 새끼 고양이와 같다는 것이다. 다른 한 가지는 헌신자는 엄마 원숭이가 이 나무에서 저 나무로 뛰어다닐 때 엄마에게 꼭 붙어 있어야 하는 아기 원숭이와 같다는 것이다. 라마나는 '붙어 있는 것'이 필요하다는 것, 즉 구도자가 필요한 노력을 해야 한다는 것을 분명히 밝힌다. 왜 그런가? 그것은 수행자의 행위자 의식이 대단히 강력하며 그것이 수행자의 행위를 움직이는 배후의 힘이기 때문이다. 수행자가 모든 것은 자신의 노력에 달려 있다고 생각하는 한, 영적인 분야에서도 그는 최선을 다해야 한다.

스승의 은총은 '충만한 채'로 늘 거기에 있다. 수행자는 자기 탐구의 수행으로 마음이 정화되고 점점 더 균형 잡히면 은총을 알아차리게 된다. 자기 탐구는 은총을 알아차리도록 도와주고, 은총은 마음이 내면을 향하도록 돕는다. 그것들은 이런 식으로 상호작용한다.

마음은 약해지고 흐트러질 때가 많다. 그럴 때 수행자는 내면을 향하지 못하고 '나'에 관심을 집중하지 못한다. 이때 만약 스승에게 내맡기는 마음으로 은총을 구하면, 스승의 도움이 있다. 이런 시기에는 은총이 대단히 중요한 까닭에 라마나는 그의 '결혼 화환 문'에서 은총이라는 단어를 오십 번 넘게 사용한다.

인내가 필요하다. 수행자는 은총이 허락되지 않는다거나 적당한 양이 주어지지 않는다고 생각하지 말아야 한다. 라마나는 스승의 판단과 때를 확고히 신뢰해야 한다고 지적한다. 적절한 때에 필요한 도움이 분명히 주어질 것이다.

또한 특정한 길로 수행자를 끌어들이는 것도 스승의 은총이다. 관심을 유지시키고 노력이 결실을 맺어 참나를 자각하도록 돕는 것도 스승의 은총이다. 그러므로 은총은 '시작이요, 중간이며 끝에 있습니다.'

***

삼라쟘(자기통제)을 얻는 데 이슈바라 쁘라사담(신의 은총)가 필요한지, 혹은 개인이 아무리 정직하고 열심히 노력해도 이런 노력만으로는 그것을 얻을 수 없는지에 관한 질문에서 시작된 우리의 대화는 아무 소득 없이 계속되었다. 그 자리에 있는 모든 이들을 감동시키는 형언할 수 없는 미소를 지으며 마하리쉬가 대답했다.

이슈바라 쁘라사담은 깨달음에 반드시 필요합니다. 그것은 신 깨달음으로 인도합니다. 그러나 그것은 오직 자유를 향한 길에서 쉬지 않고 열심히 노력하고 있는 진실한 박따나 요기에게만 주어집니다.

이슈바라 아누그라함(은총)이 있습니다. 그것은 이슈바라 쁘라사담과 다르다고들 말합니다.

이슈바라를 생각하는 것이 이슈바라 쁘라사담입니다. 그의 본성이 아룰이나 쁘라사담, 즉 은총입니다. 그대가 이슈바라를 생각하는 것은 오직 이슈바라의 은총 때문입니다.

구루 아누그라함(은총)은 이슈바라 아누그라함의 결과가 아닙니까?

왜 그 둘을 구별합니까? 스승은 이슈바라와 구별되지 않으며 이슈바라와 다르지 않습니다.

***

만약 숩바라마이야가 신의 위계 중에 가장 높은 신이라고 말한다면, 우리가 틀린 것입니까?

저에게는 아무런 구별이 없습니다. 은총은 바다처럼 언제나 가득히 흘러내리고 있습니다. 모든 사람은 각자의 수용 능력에 따라 은총을 받습니다. 컵 하나를 가져오는 사람이 항아리를 가져온 사람만큼 은총을 받을 수 없다고 어떻게 불평할 수 있겠습니까?

* * *

다음 대화는 바가반이 지은 《참나의 노래》를 중심으로 이루어져 있다. 바가반은 그 노래의 몇 가지 요점을 무루가나르에게 설명해 주었고, 무루가나르는 이 해설을 듣고 기뻐했다. 그 뒤 바가반은 다른 요점들에 대해 언급했다.

만약 어떤 사람이 모든 것을 알아도 자신에 관한 진실을 모른다면 무슨 소용이 있겠습니까? 일단 참나를 알게 되면, 더 알아야 할 것이 어디에 있겠습니까? 이 말은 그 노래의 요지를 거의 다 반영하고 있습니다.

이 노래에서는 은총이 필요하다는 것이 강조됩니다.

그렇습니다. 맞는 말입니다. 갸니의 은총이 필수적입니다. (그런 다음 자주 인용하는 말을 덧붙였다.) 은총은 늘 존재하고 있습니다. 그렇지 않다면 수행자가 대체 어떻게 노력을 하겠습니까?

* * *

어느 날 헌신의 길을 따르는 남자가 슬픔에 목이 메어 말했다.

저는 온 나라를 돌아다니며 순례를 했습니다. 저는 규칙적으로 수행을 했습니다. 수많은 밤을 꼬박 새우며 기도를 했습니다. 그러나 저는 아직도 비참합니다. 신은 제게 자비를 베풀지 않으십니다.

이상한 일입니다. 왜 웁니까? 무슨 일로 흐느껴 웁니까? 참나 안에 고요히 머물지 않고 왜 계속하여 슬피 울고만 있습니까?

* * *

22.
사마디

사마디는 마음이 의식적인 노력을 통하여 참나에 몰입된 상태이다. 그러한 몰입은 깊은 잠을 잘 때, 무아지경에 빠졌을 때, 기절했을 때, 그리고 스트레스와 불안이 극심할 때 일어난다. 그러나 그와 같이 마음이 무의식적으로 가라앉는 것은 아무런 쓸모가 없다. 왜냐하면 그는 그런 무의식적인 몰입 이전과 똑같이 무지한 채로 남아 있기 때문이다. 노력의 결과인 사마디에는 두 종류가 있다. 하나는 니르비깔빠 사마디이며, 다른 하나는 사하자 사마디이다. 일반적으로 전자를 영적인 경험에서 궁극적인 것으로 보는 반면, 사하자 사마디 즉 자연스러운 사마디를 강조하는 것은 오직 라마나의 문헌뿐이다. 이 두 가지 유형의 사마디에서 마음은 그 근원에 닻을 내리고 있다. 그러나 니르비깔빠 사마디에서는 외부 세계에 대한 자각이 없다. 일단 외부 세계에 대한 자각이 되살아나면 그 사마디 상태는 깨어지며, 이 상태를 다시 되찾으려면 노력을 해야 한다. 이 유형의 사마디에서는 마음이 여전히 살아 있으며, 마음을 밖으로 밀어내는 습성들도 남아있다.

라마나가 언급한 사하자 사마디는 다르다. 이 상태에서는 대상과 행위와의 접촉이 고요함과 평정의 상태를 방해하지 않는다. "그대는 그대가 말하고 생각하는 것에 영향을 받지 않는 참나에 의해 움직인다는 것을 깨닫습니다." 우리가 알고 있는 마음은 '죽을' 것이다. 모든 경향성은 없어질 것이다. 그것들은 마음을 움직이게 할 수 없다. 왜냐하면 그것들은 볶은 씨앗과 같아서 싹을 틔울 수 없기 때문이다.

비록 수행자가 갑자기 사하자 상태를 깨달은 것처럼 보이지만, 그것은 오직 자기 탐구를 통해 반복적으로 근원에 몰입된 결과일 뿐이다. 수행하는 동안 수행자의 마음은 때로 내면을 향하고 때로는 바깥을 향할 것이다. 마음은 점점 더 정화됨에 따라 안에 머물 수 있는 능력을 얻게 된다. 마침내 마음은 필요한 만큼을 제외하고는 밖으로 움직이지 않는다. 꼭 필요한 생각을 하고 나면, 마음은 한낮의 잔잔한 바다와 같을 것이다. 고요한 마음은 '존재 의식'을 영적 가슴 속의 끊임없는 고동으로서 경험할 것이다.

***

기절이나 깊은 잠, 지나친 기쁨이나 슬픔, 두려움과 같은 것들에 의해 생각이 강력하게 붙잡힐 때, 마음은 그 근원인 영적 가슴으로 돌아갑니다. 그런 몰입은 무의식적이며 그는 그것을 알아차리지 못합니다. 그러나 수행자가 의식하며 영적 가슴으로 들어갈 때, 그것을 사마디라 합니다.

***

사마디가 무엇입니까?

마음이 무지한 상태로 참나와 교제할 때, 그것을 니드라(잠) 즉 마음이 무지한 채 본래 자리로 돌아가는 것이라고 합니다. 마음이 의식하거나 깨어 있으면서 본래 자리로 돌아가는 것은 사마디입니다. 사마디는 깨어 있는 상태로 끊임없이 참나 안에 있는 것입니다. 니드라 즉 잠도 역시 참나 안에 있지만, 의식하지 못하는 상태로 있습니다. 사하자 사마디에서는 그 교제가 끊이지 않습니다.

께발라 니르비깔빠 사마디와 사하자 니르비깔빠 사마디는 무엇입니까?

마음이 참나로 돌아가지만 파괴되지 않는 것이 께발라 니르비깔빠 사마디입니다. 여기에는 네 가지 장애물이 있습니다. 즉 (1) 마음의 동요, (2) 생명력 즉 쁘라나, (3) 몸, 그리고 (4) 드리슈띠[13]입니다.

께발라 니르비깔빠 사마디[14]에서는 바사나(경향성)로부터 자유

---

13 drishti,즉 나타남, 세상. srishti는 창조.
14 몸과 세상에 대한 자각을 잃고 참나에 있는 상태.

롭지 않습니다. 따라서 묵띠를 얻지 못합니다. 오직 삼스까라들이 파괴된 후에야 수행자는 해방에 이를 수 있습니다.

언제 사하자 사마디를 수행할 수 있습니까?

처음부터 할 수 있습니다. 오랜 세월 께발라 니르비깔빠 사마디를 수행하더라도 바사나를 뿌리 뽑지 못하면 해방을 얻지 못할 것입니다.

*　*　*

그렇다면 스승님께서 말씀하시는 사마디는 무엇입니까?

요가에서 사마디라는 용어는 일종의 무아지경을 지칭하며 다양한 종류가 있습니다. 그러나 내가 말하는 사마디는 다릅니다. 그것은 사하자 사마디입니다. 이 상태에서는 그대는 사마디 상태에 있지만 활동하고 있을 때도 고요하고 평온한 채로 있습니다. 그대는 내면 깊은 곳의 진정한 참나에 의해 움직인다는 것을 깨닫습니다. 그대는 걱정이 없고, 불안이 없고, 근심이 없습니다. 왜냐하면 아무것도 그대에게, 참나에게 속하지 않는다는 것을 깨닫기 때문입니다. 그리고 모든 일은 그대가 의식적으로 합일해 있는 어떤 것에 의해 행해집니다.

이것이 사하자 사마디이며 가장 바람직한 상태라면, 니르비깔빠 사마디는 필요하지 않습니까?

라자 요가의 니르비깔빠 사마디는 나름의 쓸모가 있을 수 있습니다. 그러나 갸나에서는 이 사하자 스띠띠 또는 사하자 니슈따 자체가 바로 니르비깔빠 상태입니다. 왜냐하면 이 상태에서 마음은 의심으로부터 자유롭기 때문입니다. 마음은 진리를 확신합니다. 마음은 실재의 현존을 느낍니다. 활동하고 있을 때에도 마음은 실재, 참나, 지고한 존재 안에서 활동하고 있음을 알고 있습니다.

* * *

스와미지, 어떤 사람들은 몸과 감각, 마음의 변화나 활동이 사마디에 걸림돌이라고 말하는 반면, 다른 사람들은 반드시 그런 것은 아니라고 합니다. 어느 쪽이 옳습니까?

둘 다 옳습니다. 께발라 니르비깔빠 사마디에서 마음은 일시적으로 잠들어 활동하지 않습니다. 그러나 마음은 아직 소멸되지 않았습니다. 그는 나사가 아니라 라야에 있습니다. 따라서 대상들이 몸과 감각들에 접촉할 때 혹은 마음이 다른 식으로 작용하고 있을 때, 사마디와 연결된 그의 가는 실은 끊깁니다. 그러나 사하자 니르비깔빠 사마디로 알려진 완전한 사마디의 경우에는, 사마디 상태가 영원해졌으며 본성의 일부가 되었습니다. 대상들은 그의 몸과 감각들과 접촉할 수도 있고 그의 마음도 작용하고 있을 수도 있습니다. 그러나 그의 사마디는 방해받지 않고 그대로 있습니다. 이것이 어떻게 가능합니까? 이를 설명하는 예화가 있습니다.

한 소년이 저녁밥을 먹지 않고 잠자리에 들었습니다. 한번 잠이 들면 깊이 잠들어 버리는 까닭에 가족은 온갖 노력을 다한 뒤에야 겨우 소년을 깨워 음식을 조금 먹게 할 수 있었습니다. 소년은 그때 자신이 밥 먹고 있는 것을 거의 의식하지 못하였습니다. 아침에 일어난 뒤에 그는 그 사실을 기억하지 못했습니다. 우리 주변에 흔한 달구지꾼을 예로 더 들어 봅시다. 그들은 달구지에 앉거나 누워서 잠을 잡니다. 그러나 소들은 달구지를 목적지로 잘 끌고 갑니다.

이러한 두 사례들에서, 잠은 소년이나 달구지꾼으로 하여금 몸의 움직임을 알아차리지 못하게 하였습니다. 사하자 사마디의 경우, 몸의 소유자로 하여금 몸의 움직임이나 변화를 알아차리지 못하게 하는 것은 의식, 희열에 도취되었기 때문입니다.

* * *

이 해방 혹은 깨달음은 즉각적으로 옵니까, 아니면 점진적으로 옵니까?

직관의 토대가 되는 지적인 힘의 기초를 마련하는 데는 시간이 걸립니다. 시간이 얼마나 걸리느냐는 경우에 따라 다를 수 있습니다. 그러나 깨달음인 직관은 시간이 적용되지 않는 어떤 것입니다. 참나를 깨닫는 것과 시간에 대한 의식은 왁스와 물의 관계와 같습니다. 사마디에서는 시간에 대한 감각이 없습니다. 빠른 깨달음 혹은 늦은 깨달음으로 여겨지는 것은 사실은 깨달음 자체가 아니라 깨달음으로 인도하는 준비의 빠름이나 늦음입니다.

***

23.
삿구루에게 짐을 넘기십시오

⁕

　라마나는 마음의 근원을 찾는 자기 탐구 그리고 자기 복종이라는 두 가지 수단만이 참나 지식을 위한 효과적인 수단이라고 말하곤 했다. 복종은 일반적으로 더 쉬운 것이라고 여겨진다. 이것은 복종의 참된 의미를 잘 모르기 때문이다. 복종은 삿구루의 인도와 보호를 완전하고 절대적으로 믿는다는 것을 의미한다. '나쁜' 일이 일어날 때, 우리는 왜 그런 일이 일어나느냐고 이유를 묻는다. 우리는 '좋음'과 '나쁨'이 상대적인 용어이며, 그것은 정반대의 것들로 이루어진 한 쌍의 일부여서 상대가 없으면 존재할 수 없다는 것을 잊는다. 더욱이 우리는 까르마적으로 좋은 것과 내면을 향하는 데 도움이 되는 것을 가장 잘 아는 존재는 삿구루라는 사실을 간과한다. 의문을 품거나 의심하는 것은 복종이 완전하지 않다는 것을 나타내는 표시일 것이다.
　또한 복종한 사람은 스스로 행위 하려 애쓰거나 행위를 포기하려 하지도 않을 것이다. 그는 행위에 필요한 힘과 그 결과는 삿구루에 달려 있다는 것을 알면서 그때그때 필요한 행위를 무엇이든 할 것이다. 그리하여 그는 행위나 그 결과에 대해 걱정하지 않을 것이다.

복종의 정신은 삿구루에 대한 믿음이 확고히 뿌리내릴수록 점점 더 자란다. 우리가 자기 탐구를 수행하다 보면, 자신이 행위자라는 생각이 좀먹게 된다. 복종을 방해하는 것은 자신이 행위자라는 이 관념이므로 이 생각이 약해질 때, 모든 것은 신에 의해 나타난다는 것을 좀 더 분명히 알 수 있다. 우리는 복종이라고 부르는 것은 "흑설탕으로 만든 가네샤 신상에서 흑설탕을 조금 떼어내 가네샤 신에게 예배하며 바치는 헌신자와 같습니다."는 것을 깨닫게 된다. 우리의 것은 아무것도 없고 모든 것은 삿구루에게 속하는데, 우리가 무엇을 복종할 수 있겠는가? 이 사실을 알아차릴 때 걱정이라는 모든 짐은 사라진다. 그 짐을 지는 것은 우주의 짐을 지고 있는 존재의 책임으로 보인다.

***

자기 복종이란 무엇입니까?

그것은 마음의 통제와 같은 것입니다. 자아는 참나라는 더 높은 권위를 인식할 때 복종하게 됩니다. 이것이 복종의 시작입니다. 사실 자아는 참나 없이는 존재할 수 없지만, 이 사실을 모르기 때문에 저항을 하고 자신이 나서서 자기 의지로 행위를 합니다.

저항하는 자아를 어떻게 복종시킬 수 있습니까?

자아가 자신의 근원을 탐구함으로써 자동적으로 사라지게 하거나, 아니면 자기의 모든 행위와 동기와 결정을 삿구루에 자발적으로 맡김으로써 자기의 뿌리를 치게 하여 그렇게 할 수 있습니다. 생각하는 것이 영원한 기관이며, 이것 없이는 살 수 없다는 그릇된 관념을 일으키는 습관에 우리는 젖어 있습니다. 그러나 탐구와 식별은 이 오류를 깨뜨릴 것입니다.

사람들이 신이나 스승 앞에 엎드려 절하는 것은 자신의 복종을 입증하기 위해 혹은 적어도 보여 주기 위해서라고 생각합니다.

진정한 복종은 자아가 자기의 근원인 가슴 안에서 녹는 것입니다. 신은 외부의 행위에 속지 않습니다. 신이 헌신자에게서 보는 것은 자아의 얼마나 많은 부분이 완전한 지배하에 있고 얼마나 많은 부분이 파괴 직전에 있는 가 입니다.

*　*　*

복종이 뜻하는 바는 무엇입니까?

복종하는 사람에게는 행위자 의식이 없을 것입니다. 중립의 느낌이 있을 것이며, 행위나 그 결과에 대해 염려하지 않을 것입니다. 그는 자신을 위하여 아무런 일도 시작하지 않을 것입니다. 그런 사람은 모든 행위를 포기한 사람일 것입니다.

* * *

처음 방문한 빠르시^{Parsi} 신사가 물었다.

저는 영적 문제에 초보자입니다. 신에게 복종하는 것이 가장 좋은 길이라고 한 친구가 제게 충고를 해 주었습니다. 저는 신에게 복종했지만, 신은 저를 깨닫게 하지 않았습니다. 부디 은총을 베풀어 주십시오.

오! 그대가 복종했다는 말입니까? 그런데 어떻게 그대는 신이 아무것도 해 주지 않았다고 말합니까? 그것은 그대가 복종의 진정한 의미를 이해하지 못했다는 뜻입니다. 그대는 자신을 신의 뜻에 완전히 내맡겨야 하며 보답을 기대하지 말아야 합니다.

이제 보니 제가 복종의 뜻을 잘못 이해하고 있었습니다. 저를 바르게 인도해 주십시오.

그대는 은총이 필요하다고 말합니다. 그대가 인도를 기대하며 여기에 온 것 자체가 신의 은총입니다. 만약 그대의 복종이 전적이고 무조건적이라면 동일한 은총이 계속될 것입니다. 그대는 아무것도 요청할 필요가 없습니다. '나'와 '나의 것'이라는 생각을 없애도록 노력하십시오. 어느 것도 그대의 것이라고 느끼지 마십시오. 이 모든 것은 신의 것입니다.

***

왜 저의 평화로움이 방해를 받습니까?

사람들은 좋다고 여기는 것이 오면 기뻐하며 신에게 감사합니다. 그것은 좋습니다. 그러나 나쁘다고 여기는 것이 올 때도 똑같이 감사해야 합니다. 그대는 이 점을 놓치고 있습니다.

***

만약 스승님께서 부족한 저보고 혼자서 길을 가라고 하시면, 제가 어떻게 구원받을 수 있겠습니까?

제가 어떤 것을 하건 하지 않건, 그대는 복종해야만 하고 그저 침묵을 지켜야 합니다.

***

부유해 보이는 귀부인이 홀에 들어와서 엎드려 절했다.

(나지막하지만 들을 수 있는 목소리로) 신께서는 제게 안락한 생활을 하도록 축복해 주셨습니다. 저는 사람들이 갖기를 원하는 모든 것을 갖고 있습니다.

그러면 그대는 행복합니다. 무엇이 더 필요합니까?

아니, 아닙니다. 저는 무엇인가가 빠져 있다는 것을 분명히 느낍니다. 저는 완전한 마음의 평화를 누리지 못합니다.

오, 그렇습니까? 그대의 삶의 목적이 다 채워지지 않았습니다. 그래서 평화가 없습니다.

물질적으로는 더없이 안락하지만 저는 행복하지 않습니다. 제 마음은 늘 걱정이 끊이지 않고 편안하지 않습니다. 아마도 이것은 제 운명 때문인 것 같습니다.

그래요. 그렇습니다. 그대는 솔직하게 모든 것을 털어놓았습니다. 운명이 무엇입니까? 만약 그대가 더 높은 힘에게 복종한다면, 어떻게 운명이 그대에게 영향을 끼칠 수 있겠습니까? 복종이 해답입니다. 그것은 모든 것을 바르게 할 것입니다.

그것이 문제입니다. 저는 복종하지 못합니다. 저의 자아가 방해합니다.

그럴 수 있습니다. 그러나 포기하지 말고 계속 시도하십시오. 마음을 한 곳에 집중하십시오. 그대 자신을 신에게 복종시키십시오. 이렇게 말하십시오. 저를 당신의 뜻대로 하소서. 저는 무력합니다. 저를 당신께 내맡깁니다. 저는 당신의 도움을 구합니다. 그러면 평화가 찾아올 것이다.

알겠습니다. 하지만 저는 실천할 수가 없습니다. 아마도 제 운명 때문일 것입니다.

운명이 무엇을 할 수 있습니까? 만약 그대가 완전히 내맡긴다면, 운명은 작용하지 않을 것입니다. 그대는 근심에서 벗어날 것입니다. 마음은 고요해지고 평화로 가득찰 것입니다.

* * *

저는 여기에 있을 때는 확신합니다. 분명히 자각합니다. 그러나 밖으로 나가서 사회나 나라에 대해 생각하고 스승님의 답변인 "그대 자신을 아십시오."를 기억할 때……

그대가 연약할 때 사회나 나라를 위해 무엇을 할 수 있겠습니까? 그대는 먼저 강해져야 합니다. 그러나 사실은 참나를 깨닫는 것이 지고한 힘입니다. 갸니가 되면 행동할 힘을 잃지나 않을까 하고 두려워하지 마십시오.

제게는 그런 두려움이 있습니다.

두려워하지 말아야 합니다. 만약 그대가 어떤 일을 하기로 운명이 정해졌거나 선택되었다면 그렇게 될 것입니다.

그러면 제가 모든 것을 포기해야 합니까? 제가 고행을 하면서 신에게 원하는 것들을 달라고 간청할 수는 없습니까?

그렇게 할 수 있습니다. 그러나 그대의 기도가 신에게 도달하려면 어느 정도 수행을 해야 합니다. 명상이건 기도건 그대가 수행을 하고 있을 때, 그대는 갈망들을 생각하겠습니까, 아니면 신을 생각하겠습니까?

저는 명상 중에 갈망들을 생각합니다. 그것은 전혀 명상이 아닙니다.

그렇다면 그것이 욕망에 의해 추진되건 욕망이 없이 이루어지건, 사까마와 니슈까마 둘 다에 같은 디야나, 같은 따빠스, 같은 명상이 있다는 것을 인정하십시오. 심지어 그대의 욕망들이 충족되었을 때에도 따빠스는 자랍니다. 그것은 그치지 않습니다. 그것이 따빠스의 진정한 특성입니다. 헌신의 경우에도 마찬가지입니다. 이제 제가 그대에게 하나 묻겠습니다. 가방을 든 남자가 기차에 타면, 그는 가방을 어디에 둡니까?

객실에 두거나 짐칸에 둡니다.

따라서 그는 가방을 머리 위에 이고 있거나 무릎 위에 올려놓지 않습니다.

바보 같은 사람만 그렇게 하겠지요.

만약 그대가 가방을 머리에 이고 있는 사람을 바보라고 부른다면, 그대가 지식의 길이든 헌신의 길이든 영적인 삶으로 들어갈 때 자신의 짐을 지는 것은 천배나 더 어리석습니다.

하지만 제가 모든 책임과 의무들을 다 팽개칠 수 있습니까?

자, 저 사원의 탑을 보십시오. 탑에는 많은 상statue들이 있고 귀퉁이마다 큰 상이 있습니다. 그것들을 보았습니까?

예. 보았습니다.

이제 저는 그대에게 이렇게 말합니다. 저런 상들이 저 크고 높은 탑을 지탱하고 있습니다.

어떻게 그럴 수 있습니까? 그게 무슨 말씀입니까?

이렇게 말할 때 제가 말하고자 하는 바는, 이 말은 그대가 모든 걱정, 짐, 책임, 그 밖의 모든 것을 스스로 져야 하고 또 지고 있다고 말할 때의 그대의 태도보다 덜 어리석다는 것입니다. 우주의 신이 모든 짐을 지고 있습니다. 그대는 자신이 지고 있다고 상상합니다. 그대는 자신의 모든 짐을 신이 돌보도록 넘길 수 있습니다. 무슨 일이든 그대가 해야 할 일이 있을 때, 그대는 그 일을 적절한 때에 하기 위한 도구가 될 것입니다. 그대가 그 일을 하겠다는 욕망을 갖지 않으면 그 일을 할 수 없을 것이라고 생각하지 마십시오. 욕망은 그대에게 그 일을 할 수 있는 힘을 주지 않습니다. 그 힘은 신의 것입니다.

스승님께서 제게 까르마 요가의 핵심을 알려주고 계신다고 이해하면 되겠습니까?

그것이 까르마 요가의 핵심이며, 또한 박띠 요가와 갸나 요가의 핵심이기도 합니다. 처음에는 길이 다를지 몰라도 결국은 모두 이 자리에 이르기 때문입니다.

***

만약 나타난 존재 전체가 오직 한분의 신일뿐이라면, 대체 어떻게 포기라는 것이 가능하겠습니까? 무엇을 포기할 수 있겠습니까?

그릇된 지식을 포기해야 합니다. 신이 존재한다는 것을 제외한 모든 지식을 버려야 합니다. 나타난 겉모습이 어떻게 보이건, 어떤 이원성이나 다양성이 있다는 개념을 버려야 합니다. 지고한 존재만이 유일한 실재입니다. 그것만이 홀로 존재하며, 겉으로 보이는 다양성을 떠받치고 있습니다. 그러므로 신이 존재한다는 것을 제외한 모든 지식을 버리십시오. 이원성이나 다양성이라는 생각은 버려야 합니다.

경전들이 일반인들을 깨우쳐 이원성이라는 개념을 버리라고 권고하는 것은 틀림없이 좋은 일입니다. 하지만 우리가 경전들의 이 가르침을 어떻게 그만큼 중요한 권고, 즉 신에게 자신을 내맡기라는 권고와 양립시킬 수 있겠습니까? 만약 이원성이라는 것이 전혀 없다면, 자기를 내맡길 필요성이나 가능성이 어디에 있겠습니까?

우리는 이 부분에서 가네샤 신에 대한 깊은 헌신의 정서에 젖어 있는 일부 사람들 사이의 관습에 익숙해 있습니다. 이 지방의 모든 사원들에 안치되어 있는 가네샤 신상에 매일 예배드리는 것은 이 사람들에게는 날마다 식사하기 전에 반드시 치러야 할 의식입니다.

가네샤 신을 섬기는 어떤 가난한 나그네가 인적이 드문 시골을 지나고 있었습니다. 매일 그렇듯이 점심을 먹기 전에 가네샤 신상에게 예배드리기 위해 가네샤 사원을 찾았지만 근처 어디에서도 발견하지 못하자, 그는 식사용으로 지니고 있던 약간의 흑설탕으로 가네샤 신상을 만들기로 결심했습니다. 흑설탕으로 신상을 만든 뒤, 그는 진지하게 예배 의식을 드리기 시작했습니다. 그러나 신에게 약간의 음식을 바쳐야 하는 순서에 이르렀을 때, 그는 자신의 가방에 아무것도 남아 있지 않다는 것을 알아차렸습니다. 신상을 만들기 위해 지니고 있던 흑설탕을 다 써 버렸기 때문이었습니다. 하지만 관례적으로 음식을 봉헌하지 못하면 의식이 완성될 수 없기 때문에, 이 고지식한 나그네는 신상에서 흑설탕을 조금 떼어내 그것을 신에게 바쳤습니다. 그는 흑설탕을 조금 떼어내는 행위 자체가 바로 그가 예배드리기를 원했던 그 신상을 모독했으며, 그로 인해 이제 예배와 봉헌이 다 쓸모없게 되었다는 것을 알아차리지 못했습니다.

자기 복종이라는 그대의 개념은 나그네가 바친 봉헌보다 나을 것이 없습니다. 그대의 존재를 지고한 존재와 별개인 어떤 것으로 가정함으로써 그대는 그를 모독했습니다. 그대가 자신을 내맡기건 내맡기지 않건, 그대는 그 지고한 존재와 결코 떨어진 적이 없습니다. 진실로 지금 이 순간, 과거나 미래에도, 신만이 홀로 존재합니다.

***

복종이야말로 최고의 수행이 아닙니까?

복종의 사다나는 의심할 바 없이 인정됩니다. 그러나 복종이 완전해지면 아무런 구별이 없을 것입니다. 종종 제자가 스승에게서 만뜨라를 받고 입문할 때, 그는 자신이 복종했다고 믿지만 실제로 복종한 것은 아닙니다. 복종을 하기 위해서는 자신의 마음을 포기해야 하며, 마음을 버린 뒤에는 어떤 식의 이원성도 없을 것입니다. 신에게서 분리되어 있는 사람은 복종한 것이 아닙니다.

만약 모든 행위와 그 결과를 신에게 내맡긴다면 마음이 통제될까요, 아니면 그렇지 않을까요?

그렇게 하면 마음은 정화되겠지만 죽지는 않을 것입니다. 가령 어느 주정뱅이가 자신의 모든 행위와 그 결과를 신에게 맡겼다고 생각한다고 합시다. 만약 그가 술에 취한 상태에서 실수를 저질러 어떤 사람이 그를 막대기로 때린다면, 그는 이 매 맞음까지도 신에게 맡겨야 합니다. 그러나 아무도 그렇게 하지 않습니다. 매를 맞게 되면 그의 마음이 바뀝니다.

사람들은 만약 우리가 스승이나 신에게 복종하면, 개인이라는 실재가 없어지고 그 대신 더 큰 실재의 도움을 받게 되며 신의 힘이 우리 안에서 빛날 것이라고 믿습니다.

복종한 후에 더 큰 신의 힘을 받기를 기대하는 것은 진정한 복종의 자세가 아닙니다.

***

어떤 사람이 바가반의 어머니 사원에 괘종시계를 증정하였다. 이를 계기로 바가반은 명료한 사고의 실타래를 풀기 시작하였다.

약간의 장뇌라도 예배를 드리기에 충분합니다. 사람들은 이조차 행하지 않으면서 신에게 많은 것을 기대합니다. 어떤 사람들은 자신이 신에게 많은 것을 바쳤다고 여기면서 뽐내며 걷습니다. 그러나 사실 그들이 바칠 자신의 것이 무엇이 있습니까? 신에게 속하는 것 가운데 적은 분량이 다시 되돌려지는 것일 뿐입니다. 신에게 드릴 수 있는 최고의 봉헌물은 생각이 없는 상태로 있는 것입니다.

***

수행에서, 자신의 까르마를 없애 달라거나 그 힘을 줄여 달라고 신에게 기도하는 것, 또는 목샤를 빨리 이루게 해 달라고 신에게 기도하는 것은 정당하지 않습니까?

정당합니다. 자신이 더 높은 힘과 다르다고 느끼는 한, 그것에게 기도하십시오. 자신이 짐을 지고 있다고 느끼는 한, 그것들에 관해서 기도하십시오. 그러나 자기 복종의 상태인 쁘라빳띠를 이루는 편이 더 좋습니다. 그대의 모든 짐을 신에게 맡기십시오. 그러면 신은 그대의 등에서 짐을 내려 줄 것이며, 그대가 그분 안에 있고 그분과 하나라는 느낌을 줄 것입니다.

✳ ✳ ✳

24.
자아

╌╌✦╌╌

　자아가 뿌리 뽑히면, 참나는 무한히 빛난다. 라마나는 이것이 참된 고행이라고 말한다. 자아를 뿌리째 뽑는다는 것은 무슨 말인가? 자아는 독립된 실체인가? 아니다. 그것은 의식인 참나와 자력으로는 움직일 수 없는 육체를 연결하는 무형의 고리이다. 자아를 멈추게 할 수 있는 유일한 방법은 그것이 어디에서 일어나는지를 탐구하는 것이다. 그때 우리는 그것의 근원으로 갈 수 있다. 그것은 의식의 향기를 간직하고 있으므로 일단 자아가 그 근원에 몰입 되면, 그것은 의식의 바다에 있는 하나의 파도가 된다. 다른 방법을 통해서 자아를 멈추려는 것은 마치 자신의 그림자를 땅 속에 묻으려고 시도하는 것과 같다. 그런 방법들은 자아의 실상에 대한 잘못된 관념에 기초하고 있기 때문이다.

　라마나는 우리가 자아의 부정적인 형태, 즉 자신이 순수하지 않다는 등의 생각에 빠지는 것을 승낙하지 않았다. 왜냐하면 우리의 본성은 순수이며, 이 진실은 반드시 기억되어야 하기 때문이다.

라마나는 '자아'와 '마음'이라는 용어를 바꾸어 쓸 수 있는 표현으로서 사용한다.

***

신지학회 전 회장의 부인이며 쩬나이의 아디야르에 거주하고 있는 지나라자다사 여사가 국가와 가족과 개인들 사이에 수많은 분쟁을 일으키는 원인인 인간 자아의 뿌리로 들어가기를 원했다.

자아와 참나는 어떤 차이가 있습니까?

오고 가는 것, 일어나고 가라앉는 것, 태어나고 죽는 것은 자아입니다. 늘 머무르고 결코 변하지 않으며 속성들이 없는 것은 참나입니다.

저는 자아를 진정한 참나로 승화시켜야 한다고 생각합니다.

자아 자기는 전혀 존재하지 않습니다.

그렇다면 왜 자아가 이렇게 많은 문제를 만들어 내는 것입니까? 자기가 국가와 사람들 사이에서 일으킨 참혹한 피해를 보십시오. 그것은 자신에게 조차 무시무시합니다.

누구에게 그 문제가 있습니까? 그런 문제도 상상 속에 있는 것입니다. 고통과 즐거움은 자아에게 존재합니다. 자아가 그 본성에 대한 부단한 탐구를 통하여 사라질 때, 즐거움과 고통과 같은 망상도 함께 사라지고, 그것의 근원인 참나만 홀로 남게 됩니다. 실재 안에는 자아도 무지도 없습니다.

그렇다면 자아는 어떻게 생겨나는 것입니까?

자아라는 것은 존재하지 않습니다. 그렇지 않다면 그대는 하나가 아니라, 자아인 그대와 참나인 그대라는 둘일 것입니다. 그대는 하나이며 나뉠 수 없는 전체입니다. 그대 자신을 탐구하십시오. 그러면 자아와 무지로 보이는 것이 사라질 것입니다.

***

만약 제가 참나도 아니고 비자기도 아니라면……

'나'는 지금 구원으로 가고 있습니다. 영과 물질, 참나와 몸 사이에 아함까라(자아인 나)라고 불리는 것이 태어납니다. 이제 그대가 자기 자신이라고 부르는 것은 이 자아로서의 나입니다. 이 자아로서의 나는 늘 의식으로 있는 참나와도 다르고 의식하지 못하고 있는 물질과도 다릅니다. 그러나 이것은 영과 물질, 즉 쩨따나^{chetana}와 자다^{jada}의 성질을 동시에 어느 정도씩 띠고 있습니다.

그러면 스승님께서 "그대 자신을 아십시오."라고 말씀하실 때, 제가 알기를 바라시는 것은 이 자아입니까?

그러나 자아로서의 나가 그것 자체를 알려고 하는 순간, 그것은 성질이 바뀝니다. 그것은 그것이 몰입되어 있던 물질의 성질은 점점 줄어들고 참나의 의식이 점점 더 많아지기 시작합니다.

* * *

지금 제 안에는 믿음과 겸손과 복종이 충분합니까? 그렇지 않다면 어떻게 해야 그것들을 완전하게 만들 수 있습니까?

그대는 완전합니다. 그러므로 불완전하다는 생각이나 발전이 필요하다는 생각을 버리십시오. 자아는 실재하는 것이 아닙니다. 노력을 하는 것은 마음이며, 마음은 실재하는 것이 아닙니다. 밧줄을 뱀으로 착각하여 밧줄을 죽일 필요가 없듯이, 마음을 소멸시킬 필요도 없습니다. 마음의 모습을 알면 마음이 사라집니다.

* * *

《라마나 기따》의 뗄루구 판에 저에 대한 언급이 들어가지 않게 해 주십시오.

그대는 왜 걱정합니까? 그대의 이름을 빼 달라고 요구하는 것은 넣어 달라는 바람만큼이나 자아 중심적인 것입니다. 그러니 그냥 내버려두십시오.

***

25.
세상

～～

　철학적인 담론에는 세상의 성질에 대한 많은 논쟁들이 있다. 혹자는 그것이 실제하는 것이라 하고, 다른 이들은 그렇지 않다고 말한다. 또 다른 이들은 그것이 의식이 있는 것이라 하고 또 다른 이들은 그렇지 않다고 말한다. 실재가 분리된 '나' 위에 덧씌워질 때, 세상은 실제하는 것이 된다. 그러나 이러한 관점은 자신의 진정한 정체성을 모르는 동안에만 존재할 수 있다.
　지식이 떠오르기 전까지는 세상은 마음과 함께 나타나고 사라지는 것으로 보인다. 그러나 이 둘은 깊은 잠을 잘 때는 존재하지 않다가 깨어날 때 다시 나타난다. 세상과 마음은 동시에 나타나는 것처럼 보이지만, 세상은 마음의 빛에 의해서 지각된다. 영적 수행을 하는 동안, 세상은 하나인 참나와 분리되어 있지 않으며 그리고 별개로 존재하지 않는다는 진실을 놓치지 말아야 한다.
　왜냐하면 참나만이 유일한 실재이며, 개별성과 세상의 움직임들이 일어나는 바탕이기 때문이다.

* * *

그대와 분리된 세상이 따로 존재합니까? 세상이 스스로 자신이 존재한다고 말합니까? 먼저 '나'의 진실을 찾아보십시오. 무지한 사람들은 늘 자기 앞에 있는 세상을 보고서 그것이 실제한다고 믿습니다. 세상은 거울 속에 비친 모습과 같을 뿐입니다. 만약 세상이 비실재로서 휙 사라져 버리면 망상도 없을 것입니다. 모든 것은 드넓은 절대 의식 속으로 몰입됩니다. 여전히 확신하지 못하는 사람들을 위해 굳이 말하자면, 세상은 분리된 실체로 보일 때의 세상으로서는 실제하지 않지만 참나의 현현으로서는 실제한다고 할 수 있습니다. 세상은 참나와 분리되어있지 않습니다.

세상을 볼 때도 참나를 놓치지 말아야 한다는 말씀이십니까?

그렇습니다. 맞는 말입니다. 그것은 모든 영상들이 실제처럼 보이는 영화와 같습니다. 그러나 스크린만이 실재일 뿐, 오고 가는 영상들은 실재가 아닙니다. 만약 그대가 모든 것의 배후에 있는 참나 즉 실재를 깨닫지 못한 채 현상만을 본다면, 오직 망상만이 있을 뿐입니다. 참나는 바탕이며 유일한 실재입니다.

* * *

혹자들은 신이 다양한 세상을 만들었으며 앞으로도 계속 새로운 세상을 만들 것이라고 말합니다.

우리의 현재의 세상 자체는 진짜가 아닙니다. 우리 각자는 자신의 상상에 따라서 서로 다른 상상의 세계를 봅니다. 그렇다면 새로운 세상이 실제일 것이라는 보장이 어디에 있겠습니까? 개인, 세상, 신, 이 모든 것들은 다 진정한 상태에 의존하고 있습니다. '나'라고 하는 개별적인 느낌이 있는 한, 이것들 또한 존재합니다. '나'라고 하는 이러한 개별적인 느낌으로부터, 마음으로부터 이 세 가지가 생겨납니다. 그대가 마음을 파괴한다면, 이 세 가지 요소들은 남아 있지 않을 것이며, 브람만만이 바로 지금처럼 남아 있을 것입니다. 우리는 어떤 것을 그릇되게 봅니다. 이러한 잘못된 지각은 개인의 진정한 본성을 탐구하게 되면 고쳐질 것입니다. 마음을 포기한 뒤에는 브람만만이 남게 될 것입니다. 이 세상이 실제인지 아닌지, 의식인지 물질인지, 행복한 곳인지 불행한 곳인지 궁금해 하는 이 모든 질문들은 무지에서 생겨납니다. 그것들은 깨달음 뒤에는 다 쓸모없게 됩니다. '나'라는 개인적 느낌이 없이 참나에 고정된 상태는 지고한 상태입니다. 이 상태에서는 객관적인 사고나 개별적 존재라는 느낌이 들어설 여지가 없습니다. 존재-의식-희열이라는 자연스러운 상태에서는 어떠한 종류의 의심도 존재하지 않습니다.

***

스승님께서는 종종 말씀하십니다. "그대 없이는 온 세상이 존재하지 않습니다.", "모든 것은 그대에게 의지하고 있습니다.", "그대가 없으면 무엇이 존재하겠습니까?" 이 말씀들은 정말 이해하기가 힘듭니다. 제가 태어나기 전에도 세상은 존재했습니다. 제가 죽은 뒤에도 세상은 존재할 것입니다. 지금 제가 살고 있는 것처럼 과거에도 수많은 사람들이 살고 죽었지만 세상은 여전히 있습니다.

내가 전에 그대 때문에 세상이 존재한다고 말했다는 말입니까? 그러나 나는 그대에게 "그대의 참나 없이 무엇이 있겠습니까?"라고 질문한 적은 있습니다. 제가 참나라고 말할 때, 그것은 미묘한 몸이든 거친 몸이든 몸을 가리키는 것이 아님을 그대는 알아야 합니다. 또한 제 말은 만약 그대가 참나를 알게 되면, 그대 자신과 다른 사람들, 세상에 관한 관념 등 모든 관념들이 그 안에서 움직이는데, 그대는 무상한 자아와 구별되는 하나의 실재, 하나의 지고한 진리만이 존재하며, 그것은 그대가 지금 보는 모든 세상의 참나이자 모든 자아들의 참나이며, 유일한 실재, 지고자, 영원한 존재라는 진리를 깨달을 수 있다는 것입니다. 그대는 자아나 몸에 관한 개념을 아뜨만(참나)으로 착각하지 말아야 합니다.

제가 잠을 자고 있을 때도 세상은 존재하지 않습니까?

그러한 세상은 그대가 그대 자신도 모른 채 세상을 보고 있다고 조롱합니다. 세상은 그대의 마음의 결과물입니다. 먼저 마음을 알고, 그 뒤에 세상을 보십시오. 그러면 그대는 세상이 참나와 다르지 않다는 것을 알게 될 것입니다.

***

26.
신

✥

　신은 내면에 있는 신성으로서 자신에 의해 경험될 수 있다. 그렇지 않으면 모든 묘사들은 무한자를 헤아리기 위해 유한한 것인 마음을 이용한다는 한계를 갖게 된다. 신에 대한 최고의 경배는 신이 우주를 구성하는 여덟 겹의 형태 안에 현현하는 빛임을 이해하는 것이다. 여덟 겹의 형태란 다섯 가지 원소, 태양, 달, 그리고 모든 생명을 말한다. 또한 신을 분리되어 있지 않은 존재로, 자기 자신이라고 여기는 것이 최선이다. 그러면 경배를 하는 자와 경배를 받는 자를 나누는 구분이 지워질 것이다. 이것은 또한 모든 것을 신으로 봄으로써, '습관을 깨뜨림'으로써, 무엇이든 하나의 대상으로 생각하기를 그치고 유일하게 실재하는 주체인 신으로 여김으로써 얻어진다.
　신이 형상을 지닐 수 있는가에 관한 일반적인 의문이 존재한다. 무형의 존재가 어떻게 형상을 가질 수 있겠는가? 우주적인 분에게 특정한 이름과 형태를 부여하는 것이 옳은가? 우리가 어떤 이름에 반응하는 한, 우리가 자신을 특정한 개인이라고 여기는 한, 자신이 특정한 이름과 형태를 통해서 신과 연결된다고 하는 것은 논리적이며 자연스럽다. 마음은 신의 체현이라 여겨지는 이름에 신성과 행운을 결부시킨다. 선택된 이름과 형상을 통해서 지고자를 경배하는 것은 틀림없이 마음을 정화시키는 효과가 있다.

왜냐하면 경배의 대상은 경배자에게 흠 없는 순결을 상징하기 때문이다. 따라서 우리는 신을 경배하면서 동시에 이원성을 보는 자신을 탐구하여 본질을 발견해야만 한다. 왜냐하면 형상을 가지고 있는 모든 것의 형상 없는 근원을 알아차리게 할 수 있는 것은 그러한 탐구뿐이기 때문이다. 그러면 참나, 신, 구루는 동일한 존재로 보일 것이다.

***

모든 종교의 공통적인 토대는 무엇입니까?

모든 종교가 만나는 하나의 지점은 깨달음입니다. 이것은 신비적인 의미가 아니라 가장 세상적이며 일상적인 의미의 깨달음입니다. 그리고 더욱 세상이고 일상적이며 실용적일수록 더 좋습니다. "신이 모든 것이며, 모든 것이 신입니다."라는 것은 사실입니다.

이 지점으로부터 이 마음의 이해의 실천 작업이 시작되며, 이것은 결국 습관을 파괴하게 만듭니다. 우리는 사물들을 '사물'이라고 부르기를 그치고 그것들을 신이라고 불러야 합니다. 그리고 그것들을 사물이라고 생각하는 대신에 그것들이 신임을 알아야 합니다. '존재'만이 가능한 유일한 것이라고 상상하는 대신, 그런 존재들은 (존재가 없다면 마음은 아무것도 볼 수 없기 때문에) 마음의 창조물일 뿐임을 알아야 합니다. 그리고 만약 그대가 존재를 당연하게 여긴다면 비존재도 필연적임을 깨달아야 합니다. 존재들에 대한 지식은 단지 인식하는 기관의 존재를 보여 주는 것일 뿐입니다. 귀머거리에게는 아무 소리도 없으며, 장님에게는 아무것도 보이지 않습니다. 마음은 그저 신의 어떤 측면을 인지하거나 파악하는 하나의 기관에 불과합니다.

신은 무한합니다. 그러므로 존재와 비존재는 단지 그 구성 부분들일 뿐입니다. 저는 신이 유한한 구성 부분들로 이루어져 있다고 말 하려는 것이 아닙니다. 신에 대해 알기 쉽게 얘기하기는 어려운 일입니다. 진정한 지식은 바깥이 아니라 내부에서 옵니다. 진정한 지식은 '아는 것'이 아니라 '보는 것'입니다.

어떻게 하면 신을 가장 잘 경배할 수 있습니까?

어떻게 하면 신을 가장 잘 경배할 수 있느냐고요? 그분을 경배하려고 애쓰는 것이 아니라, 그대의 모든 자아를 그분에게 넘겨줌으로 그렇게 할 수 있습니다. 모든 생각과 모든 행위는 오직 하나의 생명(신)이 일하는 것임을 보임으로^{showing} 그렇게 할 수 있습니다.

신은 알지 못하는 사이에 행하는 우리의 선한 행위 가운데에서 완벽하게 작용하고 있습니다. 스승은 가르칠 때 전혀 가르친다는 생각이 없습니다. 그러나 만약 그대가 그의 앞에서 의심이나 어려움을 느끼면, 그대가 의심을 표현하기도 전에, 그것은 즉시 그 의심을 없앨 훌륭한 말들을 끌어냅니다. 그 말들은 결코 실패하지 않습니다. 그리고 가슴을 신에 고정시키고 있는 스승은 어떤 행위도 개인의 행위가 아님을 완벽히 깨닫고 있고, 자신이 그런 생각을 일으켰다거나 자신이 의심을 없앴다고 여기지 않으며, '나' 혹은 '나의 것'이라고 결코 말하지 않으며, 생각과 행위가 그대의 것이든 자신의 것이든 모든 생각과 행위 안에서 오직 신만을 보기 때문에, 그대의 의심을 사라지게 했다고 놀라거나 특별히 기뻐하지 않습니다. 그는 기쁨을 느끼기를 바라지 않습니다. 그는 이렇게 말합니다.

기쁨을 느끼는 것은 누구인가? 신이다.
기쁨은 무엇인가? 본능적이든 아니든 신의 음미이다.
이른바 '나'라는 것은 누구인가? 나는 신이다.
신은 기쁨이다. 내가 영구적인 기쁨을 바란다면,
나는 나 자신을 잊어야 하고 기쁨 그 자체인 그것,
즉 신이어야 한다.

스승은 자신의 자기 전체를 포기하고, 그것을 인위적인 관념으로 여기고서 문자 그대로 모든 것의 질료이며 원인인 신의 바다 속에 내려놓고 행복의 체현이 됩니다. 또한 모든 개인적인 욕망을, 심지어 덕행에 대한 욕망조차도 버립니다. 그는 덕행을 자신의 행위로 여기지 않고 신의 행위로 돌리며, 마침내 자신이 한때 소망했던 개인적인 덕의 체현이 되며 그에게 가까이 다가오는 사람들은 반드시 축복을 받습니다. 그는 모든 덕의 체현입니다. 진정한 경배와 그 결과는 그러합니다.

* * *

저는 이름과 형상을 가진 신을 경배할 때마다, 제가 잘못하고 있는 것이 아닌지 걱정이 됩니다. 그것은 무한한 존재에게 한계를 정하고 형상이 없는 존재에게 형상을 부여하는 행위일 것이기 때문입니다. 동시에 저는 형상이 없는 신을 경배하는 데 꾸준하지 못하다고 느낍니다.

그대가 하나의 이름에 반응하는 한, 이름과 형상을 가진 신을 경배하는 데 무슨 흠이 있을 수 있겠습니까? 그대 자신이 누구인지를 알 때까지는 형상이 있거나 형상이 없는 신을 경배하십시오.

* * *

신에게는 세 가지 측면이 있으며, 비슈누는 바이꾼따라는 천상의 세계에 있다고 말합니다. 그것은 이 세상처럼 실제하는 실제 세계입니까, 아니면 허구적인 세계입니까?

만약 그대와 다른 사람들과 이 세상이 있는 것으로 보인다면, 왜 마하 비슈누와 바이꾼따가 있지 않겠습니까? 그대가 이것들을 있다고 여기는 한, 그것 역시 있습니다.

저는 브람만만이 실재이고 나머지는 모두 허구라는 아드바이따 상태나 진리를 말하고 있는 것이 아닙니다. 저는 우리가 대개 진실로서 받아들이는 기준에 비추어 볼 때, 바이꾼따가 진실인지 알고자 하는 것입니다. 이 몸은 지금 존재하고 있으며, 비록 다른 때는 존재하지 않을지 모르지만, 그것은 어떤 의미에서는 있습니다. 이런 의미에서 바이꾼따는 실제로 있습니까? 그것이 존재합니까?

왜 존재하지 않겠습니까?

그렇다면 마하 비슈누, 쉬바 등은 지바꼬띠스^{jivakotis}에 포함됩니까?

지바들과 이슈바라가 있습니다. 지바들만 있는 것이 아닙니다.

마하 비슈누에게도 소멸이라는 것이 있습니까? 그리고 세 신들에게도 끝이 있습니까? 아니면 영원합니까?

그런 방향으로 탐구하는 대신에 그대는 왜 자기 자신에게 관심을 돌리지 않습니까? 바이군따나 비슈누라는 관념은 누구에게 일어납니까?

마하 비슈누나 바이꾼따는 그저 관념이나 생각일 뿐입니까?

그대에게는 모든 것이 하나의 관념입니다. 마음을 통하지 않고는 그리고 마음의 관념으로서가 아니면 아무것도 그대에게 나타나지 않습니다.

그러면 비슈누와 바이꾼따는 제 상상의 산물에서 나온 순전히 허구라는 말씀이십니까? 그것들은 밧줄을 보고 뱀으로 착각할 때의 뱀처럼 실체가 없겠군요.

아닙니다. 그대는 자신의 몸과 삶 및 다른 것들은 실제한다고 느끼면서, 어떻게 마하 비슈누나 이슈바라는 실제하지 않는다고 여길 수 있습니까? 그대가 실제한다고 여기면, 그것 역시 실제합니다.

제가 지금 묻고 있는 것은 그런 의미에서의 실제에 관한 것이 아닙니다. 아무도 그 세계를 본 적이 없습니다. 그것은 절대적인 비존재의 경우입니다. 반면에 이 몸은 느껴지고, 적어도 지금은 경험되는 감각의 대상으로 존재합니다.

그렇지 않습니다. 그대가 이 세상과 이 몸을 경험하고 그것이 진실이라고 말하듯이, 바이꾼따를 경험하고 그것이 진실하다고 말하는 사람들도 있습니다. 왜 그대는 자신의 감각적인 경험은 실제라고 말하면서도 그것만은 비실제라고 말합니까?

그러면 바이꾼따는 어디엔가 틀림없이 존재하고 있다는 말입니다. 그곳이 어디입니까?

그것은 그대 안에 있습니다.

그렇다면 그것은 저의 개념에 불과합니다. 제가 무엇을 창조하고 제어할 수 있겠습니까?

모든 것은 그와 같습니다. 그대의 개념과 같습니다.

그것은 다시 아드바이따 개념으로 돌아오게 합니다. 그러나 제가 알고 싶은 것은 이것입니다. 선행을 보상하고 죄를 처벌하는, 우리처럼 별개로 존재하는 분이 있습니까?

그렇습니다.

저는 아직도 의구심이 듭니다.

의심을 가진 사람은 이 세상이 끝날 때까지도 계속 의심할 것입니다.

아닙니다. 저는 그 의심을 떨쳐버리고 싶고, 스승님께서 저의 무지에서 나온 이 의심을 없애 주시기를 부탁드립니다. 제발 저를 깨우쳐 주십시오.

그대의 참나를 깨달아서 자신을 깨우치십시오.

* * *

아쉬람에서 몇 주 동안 단체로 머물고 있는 몇몇 미국인들 가운데 H 박사가 슈리 마하리쉬에게 인격신이 존재하는지를 물었다.

그렇습니다. 이슈바라는 존재합니다.

(놀라면서) 예? 눈, 코, 귀를 가진 그런 모습으로요?

그렇습니다. 그대에게도 그것들이 있는데, 신이라고 왜 그런 것들이 없겠습니까?

까발라와 뿌라나를 읽다가 신에게 이런 기관이 있다는 내용을 읽었는데 어이가 없어서 웃음이 나왔습니다.

그런 것들이 있는 자신에 대해서는 왜 웃지 않습니까?

* * *

사람들은 제가 미신을 믿는 우상 숭배자라며 저를 비웃습니다.

그러는 그들이 더 심한 우상 숭배자라고 응수해 보십시오. 그들은 매일 그렇게 자주 자신들의 몸을 씻고, 옷을 입히며, 먹이고, 경배하지 않습니까? 몸이야말로 가장 큰 우상이 아닙니까? 그렇다면 그런 사람이 우상 숭배자가 아니고 무엇이겠습니까?

***

무형의 신이 형상을 일으킨다고 상상하기가 어렵습니다.

왜 어렵습니까? 그대가 깊은 잠을 자거나 사마디에 잠겨 있거나 혹은 졸도를 해서 아무것도 알아차리거나 생각하지 못할 때, 그대의 마음은 무형으로 있지 않습니까? 그러나 마음이 생각하고 몸을 활동하게 만들 때는 그것이 공간과 관계를 만들어 내지 않습니까? 그대의 마음은 궁리하고 몸은 자동적으로 그 일을 행합니다. 그것은 너무나 자동적이어서 사실 대부분의 사람들은 그 과정을 알아차리지 못합니다. 이와 마찬가지로 신의 지성이 궁리하고 계획하면, 신의 에너지가 그것을 자동적으로 그리고 저절로 행합니다. 생각과 행위는 하나의 통합된 전체입니다. 순수한 지성에 내재하는 창조적인 에너지는 다양한 이름으로 불리며, 그 가운데 하나는 형태와 이미지의 창조자인 마야 혹은 샤띠라는 이름입니다.

***

27.
꿈, 깨어있음 그리고 환영

❦

마음의 세 가지 상태인 깨어 있음, 꿈, 그리고 잠은 실제하지 않는다. 왜냐하면 그것들은 영속성이 없기 때문이다. 그것들은 오고 간다. 이런 움직임들은 어떤 바탕이나 토대위에서 일어날 것이다. 우리는 깨어날 때 수면의 편안함을 상기하는 것 말고는 수면에 대해 아는 것이 없다. 다른 한편으로 우리는 깨어날 때 꿈이 실제가 아니라고 한다. 그 이유는 둘 이상의 꿈에서 경험하는 사건들 간에 연속성이 없고, 잠에서 깼을 때는 꿈에 관한 확증이 없기 때문이다. 라마나는 이러한 관점에 잘못이 있다고 말한다. 흔히 우리는 꿈의 상태를 다른 상태, 즉 깨어 있는 상태의 입장에서 판단한다. 하지만 우리가 꿈을 꿀 때, 각각의 꿈은 예외가 있지만 그 자체로 완전하며 self contained, 그 꿈속에는 완벽한 논리와 인과 관계가 있다. 꿈이 지속되는 동안은 그것의 실재성 여부에 관한 의심이 존재하지 않는다. 따라서 우리는 각각의 상태는 자체의 환영이 있으며, 이것은 그 특정한 환영의 상태에서 깨어나 다른 상태로 옮겨 갈 때에만 극복될 수 있다고 결론지을 수 있다. 깨어 있는 사람에게는 꿈이 실제하지 않는 것으로 보이듯, 깨어있는 상태도 역시 우리가 이 상태에서 뚜리야의 상태로 깨어나면 실제하지 않는 것으로 보일 것이다. '뚜리야'는 자아가 없는 상태로서, 마음이 영적 가슴 속으로 몰입되어 머물고 있는 상태이다. 깨어있는 상태가 부정되는 것은 오직 우리가 자기 탐구를 통해 마음의 틀 너머로 건너갈 때뿐이다. 우리는 각성수면이라는 상태, 즉 깨어있는 상태의 알아차림과 잠을 잘 때의 휴식이 결합되는 상태로 들어간다. 이러한 상태에 머무를 때, 우리는 실제하는 것으로 보였던 깨어 있을 때의 상태도 역시 실제하지 않는 상태임을 인식한다.

* * *

채드윅 소령이 말했다.

꿈은 서로 연결되지 않지만, 깨어 있을 때는 경험이 연결됩니다. 그래서 사람들은 깨어 있는 상태는 어느 정도 지속성이 있다고 인정합니다.

그대는 꿈을 꿀 때도 그렇게 말합니까? 꿈을 꿀 때는 그 상태가 그대에게 완벽하게 일관성이 있고 실제하는 것으로 보입니다. 그대가 그 경험의 실제성에 의문을 품는 것은 오직 지금, 즉 깨어 있을 때뿐입니다. 이것은 논리적이지 않습니다. 꿈을 꾸고 있을 때 그런 의심을 일으켜 보십시오. 그대가 깨어 있을 때는 깨어 있는 상태에 대해 의문을 품지 않습니다. 그대는 그 상태를 받아들입니다. 이와 마찬가지로 그대는 꿈들도 받아들입니다. 이 두 상태, 깊은 잠을 자는 상태까지 포함하여 세 가지 상태들을 넘어서십시오. 그런 관점에서 그 상태들을 탐구하십시오. 그대는 지금 하나의 한계를 다른 한계의 관점에서 탐구하고 있습니다. 참으로 불합리하지 않습니까? 모든 한계를 넘어서십시오. 그 뒤에 의문을 들고 오십시오.

***

숩바라마야 씨는 아쉬람을 자주 방문하는 사람이다. 그는 올 때마다 바가반과 고대 베단따 책들에 관해 토론한다. 오늘의 화제는 《까이발얌》에 관한 것이다. 마야는 중간에 나타나서 관심을 끌어모은다. 슈리 바가반이 설명한다.

모든 상태에는 자체의 환영이 있는데, 그것은 동일한 상태의 다른 환영에 의해서만 파괴될 수 있습니다. 예를 들어, 어떤 사람이 배불리 밥을 먹고 잠자리에 듭니다. 그는 깨어 있을 때 충분한 음식을 먹었음에도 배고픔을 느끼는 꿈을 꿉니다. 꿈속의 허기를 채우려면 꿈속의 음식을 먹어야 합니다. 꿈속에서 입은 부상은 꿈속에서 치료를 받아야 합니다. 어떤 왕은 꿈속에서 병에 걸렸지만 너무 가난하여 의사를 부를 수가 없었습니다. 그 왕은 치료를 받기 위해 친구에게서 돈을 빌려야만 했다고 말했습니다. 그는 비록 깨어 있을 때는 굉장히 부유했지만 꿈을 꾸는 상태에서는 아무런 쓸모가 없었습니다. 마찬가지로 무지라는 환영은 스승의 가르침이라는 환영으로만 파괴될 수 있습니다. 해방은 늘 현존하고 속박은 존재하지 않지만, 일반적인 경험은 그와 반대입니다.

***

우리 모두가 실재하지 않고 존재하지 않을 수 있습니까? 깨우쳐주십시오.

가령 제가 그대에게 꿈속으로 가서 그곳에 있는 모든 사람들을 깨우고 그들이 실재하지 않음을 알려 주라고 말한다면, 이 얼마나 우스꽝스러운 일이겠습니까? 그대의 질문은 저에게 그와 같습니다. 오로지 꿈꾸는 자만이 존재하고 있습니다. 그런데 꿈속의 사람들이, 실재하느냐 실재하지 않느냐와 같은 의문들, 더욱이 그들을 깨우고 그들이 실재하지 않는다는 것을 그들에게 알려 준다는 등의 말이 어디에서 일어나겠습니까? 우리 모두는 실재하지 않고 있습니다. 왜 그대는 그것을 의심합니까? '그것'만이 실재하고 있습니다. 모든 것은 꿈속의 대상들처럼 실재하지 않고 있습니다. 그러나 어떤 단계에서는 진리, 실재, 세상, 비실재가 존재합니다. 갸니의 일은 무지한 사람들에게 그들이 보고 느끼는 것이 실제하지 않으며 실재는 그들 자신의 존재라는 사실을 일깨워 주는 것입니다. 이 상황은 어느 코끼리가 꿈속에서 사자를 보다가 갑자기 꿈에서 깨어나 사자가 실제하지 않으며 자기 자신만이 실제한다는 것을 깨닫는 것에 비유될 수 있습니다. 코끼리는 지바 즉 개인이고, 꿈은 실제하지 않는 세상이며, 사자는 갸니 즉 구루입니다. 구루는 실재와 비실재를 연결하는 고리입니다.

＊＊＊

아쉬람을 자주 방문하는 어떤 사람이 마야 즉 환영의 문제들에 대해, 그리고 마야가 깨어 있는 상태, 꿈꾸는 상태와 어떤 관계에 있는지에 대해 고민하고 있다.

깨어 있을 때의 경험과 꿈을 꿀 때의 경험 사이에 본질적인 차이가 있습니까?

차이가 없습니다. 깨어있는 사람이 볼 때는, 비록 꿈을 꾸고 있을 때는 그렇지 않지만, 깨어 있는 상태가 꿈꾸는 상태보다 더 지속적인 것으로 보인다는 점이 다를 뿐입니다. 깨어 있는 상태에 있는 사람은 때로는 수백 년에 걸친 꿈을 꾸었다고 말하기도 하지만 그것을 찰나적이라고 말합니다. 그러나 사실 두 상태의 성질은 전혀 차이가 없습니다.

이런 차이점이 있습니다. 우리가 깨어 있는 상태로 되돌아올 때는 이전과 같은 장소, 같은 사람, 같은 활동과 관심사들로 돌아오지만, 꿈꾸는 상태로 갈 때는 그렇지 않습니다.

이것은 깨어 있는 상태에 있는 그대에게 지금 그렇게 보이듯이, 꿈속에서는 모든 것이 매우 빨리 움직이기 때문입니다. 그런데 꿈속으로 들어갈 때마다 그대는 꿈속의 세상이 낯설게 느껴집니까? 오히려 꿈속의 사람들과 장소들이 지금 여기에 있을 때처럼 완전히 익숙하게 느껴지지 않습니까? 그대는 때때로 전혀 이상한 느낌 없이 장관이 되거나, 오래전에 돌아가신 아버지를 만나거나 혹은 보좌에 앉은 신을 보지 않습니까? 그때의 꿈은 그대에게 지금 깨어 있는 상태와 마찬가지로 실제하는 것으로 느껴집니다. 어디에 차이가 있습니까? 만약 그대가 꿈을 환영이라고 말한다면, 왜 깨어 있는 상태에 대해서도 그렇게 말하지 않습니까?

* * *

어떻게 하면 꿈들을 제어할 수 있습니까?

깨어 있는 상태에서 그것들을 제어할 수 있는 사람은 잠을 잘 때에도 제어할 수 있습니다. 꿈이라는 것은 단지 깨어 있는 상태에서 받은 인상들이며, 꿈꾸는 상태에서 마음속에 되살아나는 것입니다. (여기에서 반 잠을 자는 상태는 깊은 잠을 자는 상태와 다르다.)

꿈에서 본 것들을 언급하며 질문자가 말했다.

그것들이 무엇이었는지 저는 이해할 수 없습니다. 꿈속에서 원숭이의 얼굴을 한 거대한 모습들을 보았습니다.

참나는 한계가 없습니다. 한계의 형상을 만드는 것은 마음입니다. 한계들을 가지는 것은 마음이며, 마음은 다른 것들에게도 한계를 부여합니다. 진짜 한계는 마음속에 있습니다. 마음은 지고한 존재와 다르지 않습니다. 황금 장신구는 황금 자체는 아니지만 황금과 다르지도 않습니다. 마음은 지고한 존재의 놀라운 힘입니다. 마음이 일어난 뒤에야 비로소 신과 세상, 개인들이 나타납니다. 그러나 우리는 잠을 잘 때는 이 세 가지를 알아차리지 못합니다. 그것이 신의 신비한 힘입니다. 우리는 잠을 잘 때는 이런 것들을 알아차리지 못하지만, 잠을 잘 때에도 우리 자신이 존재한다는 것을 알고 있습니다. 마음이 일어나는 순간, 우리는 잠에서 깨어납니다. 의식과 무의식은 마음에 대한 것일 뿐입니다. 만약 우리가 마음 뒤에 있는 진정한 참나를 지금 발견한다면, 우리에게는 이런 한계들이 없을 것입니다. 깊이 잠들어 있을 때 그대에게 어떤 한계들이 있습니까?

어떤 한계도 알지 못합니다.

어떤 한계도 알지 못한다고 말하는 그것 역시 마음입니다. 깊은 잠을 잘 때, 그대는 진정한 참나와 하나입니다. 그 사이에 나타나는 것 역시 사라집니다. 잠을 자고 있건 꿈을 꾸고 있건 깨어 있건,

참나는 늘 존재하고 있습니다. 참나는 깨어 있는 상태와 수면의 상태의 바탕입니다. 꿈꾸는 상태, 잠자는 상태, 깨어 있는 상태라는 여러 상태들은 마음에 대한 것일 뿐입니다. 무아경이나 무의식도 마음에 대한 것입니다. 이것들은 참나에 영향을 주지 않습니다.

***

차이들이 통합될 것이라는 이론, 인간은 높거나 낮은 본성을 타고난다는 이론, 조만간 인류가 진화하고 영이 하강할 것이라는 등의 이론들에 대해 어떻게 보십니까?

이런 이론에 대해 말하자면, 최소한의 차이가 있는 곳에는 자아도 있으며, 차이가 용인된다면 통합이라는 것은 그저 이론적인 주장에 지나지 않을 것입니다. 절대자에게는 자아가 있을 수 없다는 것은 널리 인정되고 있습니다. 자아에서 무아 상태로의 이행은, 만약 그것을 이행이라고 부를 수 있다면, 사람들의 낮은 본성에서 높은 본성으로의 변화나 진화를 통하는 것이 아니라, 자아의 전적인 부인을 통해서일 것입니다. 그것은 한 사람이 꿈에서 깨어나는 것과 같습니다. 꿈꾸는 상태에서 깨어 있는 상태로의 이 이행은 낮은 상태에서 높은 상태로의 이행이라고 부를 수 없습니다. 그것은 하나의 상태를 다른 상태에서 전적으로 부정하는 것입니다.

***

그래도 자기 구별self-differentiation은 있을 것입니다.

실제로는 자기 구별은 없습니다. 모든 대상들은 보는 자 안에 있습니다. 꿈을 꿀 때 모든 대상들이 보는 자 안에 있는 것과 마찬가지로, 깨어 있는 상태에서도 모든 대상들은 보는 자 안에 있습니다. 보는 자가 찾아지면, 보이는 것도 없을 것입니다. 꿈 없이 잠을 잘 때는 자기 구별이 없습니다. 만약 자기 구별이 실재한다면, 그것은 꿈 없는 잠에서도 느껴져야 합니다. 보는 자, 봄, 보이는 것으로의 변형이 없을 때 실재가 얻어집니다. 그 비전은 비이원적이며 나눠지 않은 의식 자체입니다. 그것은 한계 없이 무한하며 완전합니다.

***

뚜리야는 자그라뜨(깨어 있는 상태), 스와쁘나(꿈꾸는 상태)와 수숩띠(깊은 잠을 자는 상태)의 배경이라고 합니다. 처음 두 상태에서는 대상에 대한 지식이 있지만 세 번째 상태에서는 없습니다. 어떻게 하면 그런 공백blank 상태를 극복하고 초월에 이를 수 있습니까?

이 세 가지 상태는 뚜리야에 의존하고 있습니다. 이 상태들은 뚜리야 안에서 지나가는 양상들입니다. 뚜리야는 참나입니다. 한

순간도 뚜리야가 존재하지 않는 순간은 있을 수 없습니다. 초월이란 세 가지 상태를 극복한다는 뜻입니다. 초월은 이 세 가지 상태 안에 있지 않고 너머에 있으며 나중에 얻어야 하는 어떤 것을 의미할 수 없습니다. 그럴 경우, 그것은 새로운 것일 것입니다. 새로운 것도 역시 사라질 것입니다. 그러나 이것은 영원합니다. 따라서 그것은 지금 여기에 있어야 합니다. 뚜리야는 의식 자체 또는 절대 지식입니다. 그것은 스스로를 알고 있습니다. 그러나 그대는 그것을 모른다고 말합니다. 왜 그렇습니까? 왜냐하면 그대는 자신을 대상으로 만들었고 세상을 그대 자신밖에 있는 것으로 보기 때문입니다. 이것이 상대적인 지식입니다.

그대는 자그라프에서 사물들을 보기 때문에 보는 자로 있습니다. 수슙띠에서는 세상도 없고 보는 자도 없습니다. 그러나 그대가 사라진 것입니까? 아닙니다. 이것은 그대가 보는 자와 보이는 대상, 즉 주체와 대상과 별개로 있다는 것을 의미합니다. 그대가 참나를 모른다고 말할 때, 그렇게 말하는 것은 보는 자입니다. 마찬가지로, 공백 상태를 본다고 말하는 사람은 누구입니까? 수슙띠의 경험자는 그렇게 말하지 않습니다. 자그라프의 경험자가 그렇게 말합니다. 왜 그렇습니까? 왜냐하면 그는 지금 세상을 보고 있고, 그가 그것을 깊은 잠에서는 보지 않았다고 느끼기 때문입니다. 그럼에도 그는 존재합니다. 이 존재가 참나입니다.

제가 수슙띠에서 공백을 보았다고 말할 때, 제가 말하는 것은 기억에서 나온 것입니다.

세상 자체가 실제하지 않으며 그대는 진리에 자리 잡기 위해 세상을 없애고자 한다고 말한다면, 이미 거짓으로 알려진 세상에 의해 남겨진 인상들에 불과한 기억의 실재성은 어느 정도이겠습니까?

그대는 항상 참나입니다. 지금은 세상과 보는 자가 있습니다. 수슙띠에서는 세상도 없고 보는 자도 없습니다. 깨어나는 순간 그대는 자신을 보는 자로, 대상을 보이는 것으로 결정합니다. 주체가 없는 깊은 잠과 주체와 대상이 있는 현재의 상태에 대해 숙고해 보십시오. 깊은 잠과 깨어나는 순간 사이의 짧은 틈에 그런 구분이 일어나고, 그대는 자신을 보는 자로 동일시합니다. 방심하지 말고, 그 구분의 근원에서조차 그대 자신을 보는 자와 동일시하지 마십시오. 그러면 그대는 초월에 머물 것입니다.

하지만 세상은 존재하며 자신을 드러내지 않습니까?

삿(실재)은 찟(의식)으로 보입니다$^{as\ seen}$. 왕이 드라마를 보고 있는 그림을 상상해 보십시오. 그 그림 속에는 주체와 대상이 있습니다. 그것들은 서로 독립하여 있을 수 없습니다. 하나는 당연히 다른 하나를 수반합니다.

그림들이 스크린 위로 지나갑니다. 스크린은 어디에 있습니까? 그것은 그림들로 이루어진 것입니까?

***

28.
운명, 자유의지와 그 너머

몸이 겪어야 하는 경험들은 미리 결정되어 있다. 몸은 개인의 까르마의 산물이기 때문이다. 몸은 몸을 생기게 한 까르마가 남아 있는 동안에만 지속될 것이다. 하지만 우리는 몸의 즐거움과 고통의 관조자로 있을 수 있는 자유가 있다. 왜냐하면 우리는 몸이 아니며 몸의 행위에 집착할 필요가 없기 때문이다. 우리는 몸이 겪고 있는 까르마의 경험들에 집착하지 않을 자유가 있다.

영원한 것과 일시적인 것에 대한 식별력을 키우기 위해 여덟 겹의 덕을 배양하고 윤리적인 덕목을 준수할 필요가 있다는 경전의 강조는 자유 의지의 존재를 전제로 한다. 마음을 정화시키는 방향으로 의지를 발휘하는 것은 오직 행위자 의식을 특정한 방향으로 자유롭게 돌릴 수 있을 때만 가능하다.

상반되는 짝들, 운명 및 자유 의지로부터의 자유는 "자유 의지가 누구에게 있는가?", "운명이 누구에게 있는가?"라는 질문을 탐구함으로 온다. 그 뒤에 그는 "나는 누구인가?"라는 본질적인 질문을 묻게 될 것이다. 이 질문을 탐구할 때 마음은 영적 가슴 속으로 들어가 잠긴다. 그러면 운명과 자유 의지에 관계된 사람은 존재하기를 그친다. 운명과 자유 의지는 '그 사람이 그것들을 초월하는 상태에 자리 잡기' 때문에 효력이 없어질 것이다.

이와 관련된 질문은 삿구루의 역할을 설명하게 한다. 운명의 방패막이인 삿구루의 보호는 어디에 있는가? 만약 우리가 삿구루에게 복종한다면, 까르마의 짐은 삿구루가 짊어지게 된다. 자유 의지를 적절하게 사용한다면 삿구루의 인도가 늘 함께 하면서, 운명과 자유 의지의 너머에 있는 '나'를 발견하려는 자기 탐구의 노력을 뒷받침할 것이다.

***

바가반의 어머니인 알라감말이 그에게 물었다.

왜 너는 아무 말도 하지 않느냐? 나의 간청들이 다 소용없단 말이냐?

곁에 있던 헌신자가 말했다.

어머니께서 울고 계십니다. 침묵을 깨뜨릴 필요는 없지만 적어도 글로 쓰실 수는 있습니다. 여기에 종이와 연필이 있습니다.

그러자 바가반은 종이에 글을 써서 대답했다.

어디에나 있는 창조주는 사람들로 하여금 까르마에 따라 삶에서 맡은 역할을 하도록 합니다. 정해지지 않은 일은 아무리 애를 써도 일어나지 않을 것입니다. 정해진 일은 반드시 일어나게 되어 있습니다. 이것은 확실합니다. 그러므로 가장 좋은 길은 침묵하는 것입니다.

***

우리의 삶에서 운명과 자유 의지의 역할은 무엇입니까?

이것은 흔히 일어나는 의문입니다. 먼저 그대는 이렇게 물어야 합니다. 운명과 자유 의지에 의해 영향 받는 자는 누구입니까? 그 경험을 하는 자는 누구입니까?

물론 그것은 우리가 자신에게 묻는 질문입니다. 하지만 여전히 명확하지가 않습니다.

그렇습니다. 그러나 지금 그 질문을 묻고 있는 자는 누구입니까?

저는 지금 여기에 있고 제가 바가반께 질문하고 있습니다.

그대는 '나'라고 말합니다. 그 '나'를 찾아보십시오. 만약 그대가 탐구하여 진실을 발견한다면, 모든 것은 분명해질 것입니다.

그 방문자는 난감하여 더 이상 어떤 것도 물을 수가 없었다. 바가반이 그를 도왔다.

운명은 자유 의지 없이는 일어날 수 없습니다. 자유 의지가 그 근원입니다. 그것은 그 결과를 초래하고 운명을 만듭니다. 선한 생각과 행위들은 좋은 결과들을 가져옵니다. 마찬가지로 바람직하지 않은 생각과 행위들은 좋지 않은 결과들을 초래합니다. 해로운 반응들을 피하려면 먼저 마음이 순수해져야 합니다. 자유 의지는 지혜롭게 발휘되어야 합니다. 바람직하지 않은 운명이 작용하고 있을 때는 마음도 순수하지 않을 것입니다. 마음은 운명과 같은 길을 걷습니다. 선한 생각들은 바람직한 운명을 낳습니다. 자유 의지와 운명은 서로 연결되어 있습니다. 제한된 범위 내에서는 운명이 자유 의지의 힘에 의해 바뀔 수 있습니다. 그러나 현재의 운명은 과거의 행위들의 결과입니다. 행위들은 이미 끝났고 완료되었습니다. 그것들을 지금 어떻게 없앨 수 있습니까?

예. 그렇게 하기는 어렵습니다. 그렇다면 어떻게 해야 빠져나올 수 있습니까?

전에 말했듯이, 오직 영적 지혜와 식별만이 그 문제를 풀어 줄 것입니다. 자기 탐구를 하면 진정한 '나'에 관한 문제가 풀립니다. 그러면 아무런 문제도 없을 것입니다. 깨달은 상태에서는 구도자 자신이 더 이상 존재하지 않습니다. 운명과 자유 의지는 효력이 없어져 공허하게 됩니다. 그래서 그는 그것들을 초월하는 상태에 자리 잡습니다.

***

인간의 삶에서 고향, 국적, 가족, 경력, 직업, 결혼, 죽음 등과 같은 두드러진 사건들이 모두 자신의 까르마 안에서 미리 결정된다는 것은 이해할 수 있습니다. 하지만 삶에서 일어나는 가장 사소한 세부 사항들까지 모두 미리 결정될 수 있습니까?

물론입니다. 몸이 하기로 되어 있는 모든 일, 몸이 겪기로 되어 있는 모든 경험은 몸이 생길 때 이미 정해져 있습니다.

그렇다면 행위에 대한 인간의 자유와 책임은 어떻게 됩니까?

인간이 가지고 있는 유일한 자유는 자신을 몸과 동일시하지 않게 할 수 있는 갸나를 얻으려 노력하여 그것을 얻을 수 있다는 것입니다. 몸은 쁘라랍다 까르마에 의해 불가피하게 부여된 행위들을 겪을 것입니다. 그러나 인간은 자신을 몸과 동일시하여 그것의 행위들의 결실에 집착할 수도 있고, 아니면 몸에서 초연하여 그것의 행위들을 단지 목격하는 자로 남을 수 있는 자유가 있다는 것입니다.

***

부디 저를 불쌍히 여기셔서, 저를 안아주셔서 제가 떨어져 다치지 않도록 도와주십시오.

그것은 불가능합니다. 그대의 노력과 구루의 도움이 필요합니다.

***

우리는 어떤 것을 얻기 위해 치밀한 계획을 수립하지 말아야 합니다. 그대가 저절로 주어지는 것을 즐기는 데 저는 반대하지 않습니다.

그것은 만약 제가 계획하지 않았는데도 어떤 것이 제게 주어지고 그래서 제가 그것을 즐긴다면, 그로 인해 좋지 않은 결과들이 따르지는 않을 것이라는 말씀이십니까?

그런 뜻이 아닙니다. 그대의 쁘라랍다로 인해 어떤 것이 그대에게 온다면, 그대는 그것을 피할 수 없습니다. 만약 그대가 자신에게 오는 것을 특별한 집착 없이, 그것을 더 많이 갖거나 되풀이하기를 원하는 욕망이 없이 받아들인다면, 그것은 그대를 더 많은 탄생으로 이끄는 해를 끼치지 않을 수 있습니다. 그러나 만약 그대가 그것을 크게 집착하며 즐기고 그리하여 더 많이 원한다면, 그것은 더 많은 탄생으로 이끌게 됩니다.

* * *

전능한 신이 헌신자들을 쁘라랍다의 결과들로부터 보호해 주어야 하지 않겠습니까?

제가 뭐라고 말할 수 있겠습니까? 그것은 설계입니다. 그대는 좋은 일과 행복을 원합니다. 그러나 이 말들은 그것들이 일어나지 않으면 아무런 의미가 없습니다. 좋은 일과 나쁜 일은 그대가 상반되는 것으로 이루어진 짝들을 넘어설 때까지 불가피합니다.

* * *

바가바드 기따에 따르면, 인간은 낡은 옷을 버리고 새 옷을 입듯이 용도가 다한 낡은 몸을 버리고 새 몸을 얻는다고 합니다. 몸이 새롭고 신선한 유아들의 죽음에 이 말이 어떻게 적용됩니까?

죽은 아이의 몸이 용도가 다하지 않았는지를 그대는 어떻게 압니까? 겉모습으로 구별하기는 어렵겠지만, 그 몸의 용도가 다하지 않았다면 죽지 않을 것입니다. 그것은 자연의 법칙입니다.

※ ※ ※

한 탄생에서 행해진 까르마(행위)의 결실들은 다음 탄생에서 경험되게 되어 있습니까, 그렇지 않습니까?

그대는 지금 태어났습니까? 만약 진정으로 그대가 지금 태어난 것이 아니라면, 왜 다음 탄생에 대해 생각합니까? 사실은 까르마는 우리를 괴롭히지 않습니다. 우리를 괴롭히는 것은 오로지 행위자 느낌입니다. 까르마를 행한다거나 그것을 떠난다는 생각은 잘못입니다. 까르마의 행위자가 누구인지를 생각해보십시오.

※ ※ ※

교양 있는 귀부인이 찾아와서 홀에 들어가게 해 달라고 요청했다. 시자가 그녀에게 들어와서 자리에 앉으라고 정중히 청했다.

선한 행위와 악한 행위, 그리고 그에 따르는 각각의 결과를 선택하는데 이미 자유가 있다고 합니다. 그리고 그 결과는 죽은 뒤에 결실을 맺는다고 합니다. 그래서 우리는 지혜롭게 선택해야 합니다. 그렇지 않습니까?

그렇습니다. 그런데 왜 죽은 뒤의 일을 걱정합니까? 현재를 돌보십시오. 결과에 대해서는 염려하지 말고 선한 행위를 선택하십시오. 죽은 뒤에 일어날 일은 사실 우리와 관계가 없습니다. 그대는 지금 과거 까르마의 결실을 즐기고 있는지 아닌지를 압니까? 왜 지금 이 모든 일이 일어납니까? 그대가 잠을 잘 때는 그런 질문이 일어나지 않을 것입니다. 그대는 잠을 잘 때는 오직 행복만을 느낍니다. 그런데 그대가 깨어난 뒤에는 다른 사람입니까? 잠을 잘 때는 마음이 없고 그래서 그대는 행복합니다. 진리를 발견하십시오. 그와 같은 행복을 깨어있는 상태에서도 경험하도록 노력하십시오. 그대가 '나'라고 말할 때, 어느 것이 진정한 '나'입니까? 이 문제를 해결해야 합니다.

✳ ✳ ✳

29.
탄생과 환생

무엇이 이 탄생의 원인인가? 채워지지 않은 욕망 때문이 아닌가? 충족되어야 할 욕망이 남아있는 한, 환생 역시 불가피하다. 그러나 우리가 진정으로 두려워하는 것은 지적으로 확실하다고 지각할 수 있는 환생에 대한 것이 아니라, 죽은 뒤에 자신이 소중히 여기는 많은 것과 수많은 집착에게 일어날 일에 대한 것이다. 우리는 과거에 그것들과 연결되어 있었고 미래에도 계속 연결되어 있을 것이라고 믿고 싶어 한다. 이것은 강하게 뿌리박은 그런 집착에 대한 것이다. 그러므로 과거의 삶들의 기억이 남아 있을 것인지에 대한 의문들이 있고, 미래에 일어날 일들에 대한 관심이 있는 것이다.

죽을 때 마음은 생명력을 끌어 모아 자신을 새로운 몸과 연결시킨다. 참나 지식을 얻기 전에는 몸에 대한 동일시가 끊어지지 않는다. 그 몸은 미묘한 아스트랄체일 수도 있고 거친 육체일 수도 있다. 오직 동일시가 새 몸에 있을 것이다. 관계의 연속성은 어떤가? 관계들은 까르마에 따른 유대들이므로 키워지고 발전된 관계들은 많은 생애를 거쳐 계속될 수도 있을 것이다. 신의 은총으로 과거의 기억은 지워진다. 왜냐하면 그런 기억과 집착, 걱정의 짐이 현재의 짐에 더해진다면 감당하기 어려울 것이기 때문이다.

몸에 대한 그릇된 동일시는 환생과 환생을 통해 계속 이어지므로, 그것으로부터 자유로워지기를 원하는 사람은 기본적으로 "누구에게 탄생이 있는가?", "누구에게 죽음이 있는가?"와 같은 질문을 조사해야 한다. 그와 같은 탐구는 윤회의 순환에서 해방시킨다. 왜냐하면 그때 그는 자신의 진정한 정체성이 특정한 개별성이라는 한계, 특정한 이름과 형상이라는 한계에 묶여 있지 않은 지성이라는 것을 알게 되기 때문이다.

***

다시 태어난다는 것은 사실입니까?

그대는 지금 다시 태어났습니다. 그렇지 않습니까? 그 뒤에 그대는 또 다시 태어날 것입니다. 그러나 몸은 환영입니다. 환영은 그 자신을 반복할 것이며, 그대가 진정한 참나를 찾을 때까지 반복하기를 계속 할 것입니다.

무엇이 죽음이고 무엇이 탄생입니까?

죽음과 탄생은 오로지 몸에게만 있을 뿐이며, 몸은 환영입니다. 실제로는 탄생도 없고 죽음도 없습니다.

죽음과 환생 사이에는 얼마나 많은 시간이 걸립니까?

일 년 안에 다시 태어날 수도 있고, 삼 년 혹은 수천 년이 지난 뒤에 다시 태어날 수도 있을 것입니다. 누가 알 수 있겠습니까? 그런데 시간은 무엇입니까? 시간은 존재하지 않습니다.

왜 우리는 전생을 기억하지 못합니까?

기억은 마음의 기능이며 환영의 일부분입니다. 그대는 역시 환영에 불과한 다른 생애를 왜 기억하려 합니까? 만약 그대가 참나로서 머문다면, 과거나 미래 심지어 현재조차도 없습니다. 참나는 시간 밖에 있으며 시간이 없기 때문입니다.

세상과 마음, 자아 그리고 몸은 모두 같은 것입니까?

그렇습니다. 그것들은 하나이며 같은 것입니다. 마음과 자아는 하나이지만 이를 설명할 말은 없습니다. 그대도 알다시피, 마음이 없으면 세상이 존재할 수 없습니다. 우리가 자아라고 부르는 것이 없으면 마음도 존재할 수 없습니다. 그러한 것이 바로 자아이며, 몸이 없으면 자아는 존재할 수 없습니다.

그렇다면 우리가 이 몸을 떠날 때, 즉 자아가 몸을 떠날 때 자아는 즉시 다른 몸을 붙잡는 것입니까?

그렇습니다. 그래야 합니다. 자아는 몸이 없이는 존재할 수 없습니다.

그 뒤에는 어떤 종류의 몸을 붙잡을까요?

육체 아니면 미묘한 마음의 몸을 붙잡을 것입니다.

스승님께서는 현재의 이 육체를 거친 몸이라고 부르십니까?

단지 대화를 하면서 구분하고 따로 분리하기 위한 것일 뿐입니다. 사실 이 육체는 미묘한 마음의 몸이기도 합니다.

무엇이 우리를 다시 태어나게 합니까?

욕망입니다. 그대의 채워지지 않은 욕망이 그대를 다시 오게 합니다. 그리고 각각의 경우에, 각각의 몸에서 그대의 욕망이 충족되면, 그대는 새로운 것을 만들어 냅니다. 유일자 속으로 몰입되어 환생을 끝내려면 욕망을 정복해야만 합니다.

참나를 깨달은 사람은 '나'라는 느낌을 잃게 됩니까?

물론입니다.

그렇다면 스승님께서는 스승님 자신과 저 자신, 저쪽에 있는 저 사람, 제 하인 사이에 아무런 차이가 없고 모두 같습니까?

모두 같습니다. 저기 있는 원숭이들도.

하지만 원숭이들은 사람이 아닙니다. 그들은 다르지 않습니까?

그들은 사람과 똑같습니다. 모든 창조물들은 '하나의 의식' 안에서는 똑같습니다.

참나 속으로 몰입될 때는 개별성을 잃게 됩니까?

참나 안에는 개별성이 없습니다. 참나는 하나로 있는 지고자입니다.

그러면 개별성과 정체성은 상실되는 것입니까?

그대가 깊은 잠을 잘 때는 그런 것들을 지니지 않습니다. 그렇지 않습니까?

하지만 우리는 생을 거듭하면서도 그것들을 가지고 있습니다. 그렇지 않습니까?

그렇습니다. '나'라는 생각(자아)이 다시 일어나는 것은 오직 그대가 '나'라는 생각을 다른 몸과 그 몸을 둘러싸고 있는 다른 환경과 동일시할 때뿐입니다. 과거 행위의 결과(까르마)는 과거의 몸을 지배했듯이 새 몸도 계속 지배할 것입니다. 그대에게 이 특정한 몸을 주고 그 몸을 특정한 가족, 인종, 성, 환경들에 속하게 한 것은 바로 까르마입니다.

이러한 질문들은 좋지만, 이런 문제들을 지나치게 머리로 이해하려고 하지 말아야 합니다. 그저 명상을 하고 생각을 하지 않는 편이 더 낫습니다. 마음으로 하여금 영적 가슴의 동굴 속에 있는 참나 위에 고요히 쉬게 하십시오. 곧 이것은 자연스러워질 것이며, 그 뒤에는 질문할 필요가 없을 것입니다. 이것을 비활동적이라는 뜻으로 상상 하지 마십시오. 침묵이야말로 유일한 진정한 활동입니다.

*＊＊

30.
포기

큰 슬픔을 겪거나 스트레스를 받을 때는 포기하고 싶은 충동이 일어난다. 화장터에서 돌아올 때면 세상에 대한 초연함이 우리를 압도한다. "이 모든 것은 결국 지나가는 쇼에 불과할 뿐이다."라는 기분이 든다. 그래서 그는 모든 것의 무상함을 느낄 것이며, 그것도 아주 강하게 느낄 것이다. 고통스러운 출산 후 여성은 "더 이상 낳지 않겠어."라고 말할 수도 있다. 그러나 이 모든 것은 일시적으로 일어난 것일 뿐이다. 이런 기분 역시 곧 지나갈 것이다. 그러므로 우리는 꾸준히 자기 탐구를 하여 지혜를 무르익게 해야 한다. 진정한 포기는 자신을 실제로 구속하고 있는 집착을 끊어 버린다는 것을 암시한다. 자신과 지혜 사이를 가로막고 있는 것은 일과 아내, 자녀나 활동이 아니라 마음에 깊이 뿌리박힌 집착이다. 잘못은 자신의 소유물에 있는 것이 아니라 소유자에게 있다. 비록 단란한 가정을 떠나고 모든 재산을 버린다고 해도, 집착은 여전히 깊이 뿌리박혀 있을 수 있다.

숲 속에 있건 집에 있건 씨름해야 할 대상은 마음이다. 집착이 줄어들면, 그 사람은 익은 과일처럼 나무에서 떨어질 준비가 된다. 그때 가슴은 사랑으로 넓어진다. 이것은 '나'라는 생각과 그것의 근원에 대해 방심하지 않고 주의를 기울임으로써 마음이 내면으로 향할 때만 일어날 수 있다.

***

저는 직장을 그만두고 슈리 바가반 곁에 늘 머물고 싶습니다.

바가반은 언제나 그대와 함께 있고, 그대 안에 있으며 그리고 그대 자신이 바로 바가반입니다. 이것을 깨닫기 위해 직장을 그만둘 필요도 없고 가정에서 도망칠 필요도 없습니다. 포기는 옷이나 가족 관계, 가정 등 외부적인 것들을 버리는 것이 아니라, 욕망과 애착, 집착을 포기하는 것입니다. 직장을 그만둘 필요는 없습니다. 대신에 모든 존재의 짐을 지고 있는 그분에게 그대 자신을 맡기십시오. 욕망 등을 포기하는 사람은 사실은 세상 속으로 들어가 그의 사랑을 온 우주에 이르기까지 넓게 펼칩니다. 신의 진정한 헌신자에게는 사랑과 애정의 확장이라는 말이 포기라는 말보다 훨씬 더 나은 용어일 것입니다. 왜냐하면 가까운 관계들을 포기하는 사람은 사실은 애정과 사랑의 유대를 계급이나 종파, 인종의 경계를 넘어 더 넓은 세상으로 확장시키기 때문입니다. 겉으로는 옷을 벗어던지고 가정을 떠나는 것처럼 보이는 산야시는 가까운 관계들이 싫어서 그렇게 하는 것이 아니라 자신의 사랑이 주변의 다른 사람들에게로 넓혀지기 때문에 그렇게 합니다. 이러한 확장이 오면 자신이 가정에서 도망치고 있다고 느끼지 않으며, 다 익은 과일이 나무에서 떨어지듯이 저절로 가정에서 떨어지게 됩니다. 그 전에 가정이나 직장을 떠나는 것은 어리석은 행동일 것입니다.

* * *

저는 마음을 다스리는 법을 아직 배우지 못하였습니다. 그래서 저는 북인도로 가서 홀로 은둔하며 생활하고자 합니다. 슈리 바가반의 은총을 내려주시기 바랍니다.

그대는 그것을 위해 이곳 띠루반나말라이까지 먼 길을 왔으며, 라마나 바가반과 가까운 자리에 그리고 바로 있는 자리에 앉아 있습니다. 그렇지만 그대는 아직 마음의 고요를 얻지 않은 것 같습니다. 그대는 이제 다른 곳으로 가기를 원합니다. 그곳에서는 또 다른 장소로 가기를 바랄 것입니다. 이래 가지고는 그대의 여행에는 끝이 없을 것입니다. 그대는 자신을 이런 식으로 몰아가는 것은 그대의 마음임을 깨닫지 못하고 있습니다. 먼저 마음을 다스리십시오. 그러면 그대는 어디에 있건 행복할 것입니다. 그대가 비베까난다의 강연집을 읽었는지 모르겠습니다. 그림자를 땅에 묻으려고 애쓰는 사람의 이야기를 강연집 어디에선가 읽은 기억이납니다. 그는 그림자를 묻기 위해 무덤을 파고 흙으로 덮었지만 그림자가 다시 나타나서 결코 묻을 수 없었습니다. 자신의 생각을 묻으려고 애쓰는 사람의 경우도 이와 마찬가지입니다. 그러므로 그대는 생각들이 솟아나는 밑바닥에 도달하여 생각과 마음과 욕망을 뿌리 뽑으려고 시도해야합니다.

저는 산 저편에서 한두 시간 머물렀는데, 간혹 오히려 여기에 있을 때보다 더 나은 평화를 그곳에서 느꼈습니다. 그것은 결국 인적이 없는 조용한 장소가 마음을 다스리는 데 더 효과적이라는 것을 시사하는 것입니다.

맞는 말입니다. 그러나 만약 그대가 그곳에서 한 시간 더 머물렀다면, 그대는 그곳도 역시 그대가 말하는 고요를 주지 않는다는 것을 알았을 것입니다. 마음을 다스리십시오. 그러면 설령 지옥이라도 그대에게는 천국이 될 것입니다. 은둔의 삶에 관한 다른 모든 이야기들, 숲 속에 산다든지 하는 말들은 모두 쓸데없는 말에 지나지 않습니다.

만약 가정을 버리고 홀로 사는 것이 필요 없다면, 슈리 바가반께서는 어찌하여 열일곱 살에 이곳에 오셨습니까?

만약 이것(자신을 의미한다)을 이곳으로 데려온 그 힘이 그대 또한 그대의 가정으로부터 데려와야 한다면, 반드시 그렇게 될 것입니다. 그러나 그대가 자신의 노력으로 가정을 버리는 것은 쓸모가 없습니다. 그대가 해야 할 의무는 수행을 하는 것이며, 꾸준히 자기 탐구를 실천하는 것입니다.

✳ ✳ ✳

어느 날 바가반은 내가 번민하며 잠을 이루지 못한다는 것을 알아차렸다. 바가반이 물었다.

왜 잠을 자지 않습니까? 무엇이 그대를 괴롭힙니까?

저는 산야사(포기의 의식)를 받기를 원합니다.

바가반은 안으로 들어가서 《박따 비자얌》을 가져와 읽기 시작했다. 비또바가 산야사를 받기를 원했을 때, 그의 아들인 유명한 마하라슈뜨라 주의 성자 갸네슈바라가 "아버지께서 여기에 머무시건 숲으로 가시건, 마음은 똑같지 않습니까? 마음은 아버지와 함께 있습니다."라고 충고했다. 바가반이 덧붙였다.

그대는 가장으로 있으면서도 참나 지식을 얻을 수 있습니다.

✳ ✳ ✳

이것은 마하리쉬와 넬로르 지방에서 온 베즈와다 순다라라마렛디가 나눈 대화이다. 이 대화는 1930년 2월 23일에 있었다.

목샤(해방)를 얻으려면 무엇을 해야 합니까?

목샤가 무엇인지를 배우십시오.

저의 아내와 가족을 떠나야 하지 않겠습니까?

그들이 무슨 해를 끼치고 있습니까? 먼저 그대가 무엇인지를 알아내십시오.

수행자는 아내와 가정, 재산 등을 모두 포기해야 하는 것 아닙니까?

먼저 삼사라가 무엇인지를 배우십시오. 그 모든 것이 삼사라이지 않습니까? 그들 가운데에 살면서 깨달음을 얻은 사람들이 있지 않습니까?

삶의 두 중간 단계인 그리하스따 아쉬라마와 바나쁘라스따 아쉬라마를 거치시 않고 브람마짜리야 아쉬라마로부터 곧바로 산야사 아쉬라마를 선택할 수도 있습니까?

갸나를 얻기에 충분한 자격을 갖춘 사람들은 삶의 모든 단계들을 반드시 차례로 거칠 필요가 없습니다. 자신의 진정한 존재를 아는 사람은 삶의 이 단계와 저 단계의 구별에 관심을 갖지 않습니다. 그러므로 그가 어느 단계에 속하건, 그는 그것이 영적 성장에 도움이 되는 유리한 단계라고 여기지도 않고, 자신의 성장을 방해하고 지체시키는 불리한 단계라고 여기지도 않습니다.

산야사 아쉬라마(은둔자로 생활하는 삶)를 택하는 것은, 확고하며 훈련된 상태로 참나 안에 머무는 아뜨마니슈따를 실현하는 데 불가피한 단계들 중 하나입니까?

아뜨마니슈따를 얻기 위한 유일한 수단을 이루는 것은 몸에 대한 집착을 없애려는 한결 같은 노력입니다. 마음의 성숙과 순수, 그리고 아뜨마비짜라가 없으면, 네 가지 아쉬라마들 가운데 어느 것을 택하더라도 이 집착이 없어지지 않습니다. 왜냐하면 몸에 대한 집착은 마음의 복합인 데 반해, 삭발이나 황토색 옷 등 아쉬람 생활의 상징들은 단지 몸에 대한 것이며 외부적인 것에 불과하기 때문입니다. 각각의 아쉬라마의 계율들의 목적은 마음을 정화시키기 위한 것입니다. 그런데 그런 계율들을 겉으로 지키는 것과 더군다나 상징들을 착용하는 것이 어떻게 마음의 집착을 없애겠습니까?

몸에 대한 집착은 실제로는 미숙하고 불순한 마음과, 아뜨마비짜라를 하지 않음에서 비롯되므로 그것은 오직 마음이 성숙하고 순수해질 때, 그리고 아뜨마비짜라를 실천할 때에만 제거될 수 있습니다. 산야사 아쉬라마는 단지 바이라기야(무집착 혹은 포기)를 얻기 위한 수단일 뿐이며, 바이라기야는 다시 아뜨마비짜라를 실천하기 위한 수단입니다. 그러므로 진심으로 해방을 구하는 사람들이 택하는 산야사 아쉬라마는 그저 무집착을 길러 아뜨마비짜라를 실천하기 위한 간접적인 수단일 뿐입니다.

산야사 아쉬라마를 택하는 것은 개인의 마음의 순수와 성숙을 전제로 합니다. 이런 것들이 없다면, 산야사 아쉬라마를 택하여 삶을 낭비하느니 가장으로 살면서 자신의 의무를 다하는 편이 훨씬 더 유익합니다.

산야사 즉 포기의 의의는 마음을 바쁘게 하며 또한 '집착들의 가계family'를 실제로 이루고 있는 상깔빠와 비깔빠를 없애려는 데에 있습니다. 다른 말로 하자면, 그 취지는 마음의 집착을 포기하는 데 있지, 단지 출가의 상징들을 받아들이거나 겉으로 계율을 지키는 데 있는 것이 아닙니다. 그런 집착의 포기만이 마음으로 하여금 참나 안에 확고히 머물게 할 수 있습니다.

상깔빠와 비깔빠는 자아에서 비롯되므로 자아가 일어나는 것을 막는 것이 바로 산야사 즉 포기의 요체입니다. 그런 산야신들에게는 은둔과 활동적인 삶 사이에 차이가 없습니다. 그래서 현자 바시슈따는 다음과 같이 말합니다. "마음이 무엇인가에 사로잡혀 있을 때는 바로 자기 앞에 있는 것도 알아차리지 못하듯이, 현자는 일을 하고 있어도 그 일의 행위자가 아닙니다. 왜냐하면 그의 마음은 자아가 일어남이 없이 참나 안에 잠겨 있기 때문입니다." 침대에 누워서 자신이 낭떠러지 아래로 곤두박질치고 있는 꿈을 꾸는 사람과 마찬가지로, 자아가 아직 남아 있는 무지한 사람은 홀로 깊은 명상에 잠겨있을지라도 행위들의 행위자이기를 그치지 않습니다.

31.
기적

기적이 행해질 때, 누군가가 물 위를 걷거나 눈앞에서 사라질 때, 또는 전생을 정확히 기억하거나 미래에 일어날 일을 예언할 때 마음이 현혹된다. 그것은 그런 힘들을 갖지 않은 사람들에게 매력적으로 보인다. 그러나 우리는 이러한 힘들을 근본적으로 살펴보아야 한다. 그것들은 영적 진보의 척도로서 얼마나 중요한가? 그것들이 우리의 진정한 정체성을 찾는 데 도움이 되는가? 아니면 그 정체성을 발견하는 데 방해가 되는가? 그것들은 궤도에서 벗어난 것인가? 모든 영적 수행의 목적은 자신의 진정한 정체성을 발견하는 것이며, 본연의 희열로 회복되는 것이다. 이 목적을 전제할 때, 이러한 힘은 자기 탐구라는 왕도에서 벗어난 것들이다. 그것들은 참나 지식을 위한 탐구로부터 우리를 빗나가게 하기 때문이다. 이름과 명성에 대한 욕망은 그릇된 일을 저지르게 한다. 다시, 기적은 특정한 방식으로 강화된 정신적인 능력의 산물인 반면, 자기 탐구의 목적은 마음의 근원을 찾음으로써 마음의 장벽을 넘는 것이다.

이와 대조적으로 참나 지식을 얻을 때, 그는 모든 힘의 보고가 된다. 그러나 그는 그것을 인정하지 않으려 할 것이다. 왜냐하면 그런 위대한 존재들의 목적은 구도자들을 몸 의식에서 자유로워지도록 인도하는 것이기 때문이다. 그렇지만 구도자들이 복종의 정신 안에서 그들의 도움을 요청하면, 신의 치료하는 힘이 작용하기 시작한다. 문제들은 해결된다. 영적인 길은 쉬워진다.

유일한 참된 기적은 참나에 머무는 것이라고 라마나는 말한다. 다른 기적들은 잠에서 깨어날 때까지만 지속되는 꿈과 같다. 우리가 자신의 참다운 상태로 깨어나면, 모든 힘이 그가 요구하지 않아도 그에게 올 것이다. 그러한 힘에는 여덟 가지가 있다.

(1) **아니마**   원자만큼 작아지는 능력
(2) **마히마**   원하는 만큼 커지는 능력
(3) **가리마**   무거워지는 능력
(4) **라기마**   가벼워지는 능력
(5) **쁘랍띠**   반드시 성공하는 능력
(6) **쁘라깜얌** 어떤 것을 성취하는 능력
(7) **이시뜨와** 명령하는 힘
(8) **바시뜨와** 모든 이를 매혹하는 힘

갸니는 이 모든 능력을 갖더라도 영향을 받지 않을 것이다. 그의 마음은 근원에 끊임없이 몰입되어 있기 때문이다. 하지만 구도자들은 그러한 능력이 올 때 방심하지 말아야 한다. 오히려 그런 능력을 의식적으로 거부하는 편이 좋을 것이다. 그렇지 않으면 그것들을 사용하려는 유혹에 사로잡힐 수 있다. 그리하여 마음의 근원을 탐구하고 영적 가슴 안에 거주하려는 영적 수행의 목적을 놓칠 수 있다.

＊＊

지금까지 저는 해방에 대한 큰 두려움이 있었습니다. 이제 저는 그것이 매우 기분 좋은 상태라는 것을 압니다. 그런데 싯디라고 하는 능력의 경우, 그것들은 성취될 수 있습니까, 그리고 그것들은 해방에 방해가 됩니까?

가장 높은 싯디는 참나 깨달음입니다. 왜냐하면 여기에서 그대는 진리를 깨닫고, 무지의 길에 이끌리는 것을 그치기 때문입니다.

＊＊

그러면 싯디들은 무엇입니까?

싯디들에는 두 가지 종류가 있습니다. 한 종류는 깨달음에 장애물이 될 것입니다. 만뜨라에 의해, 어떤 약물로 인해, 오컬트 능력을 가짐으로, 고행을 통해 혹은 특정한 종류의 '사마디'를 통해서 능력들을 얻을 수 있다고 합니다. 그러나 이러한 것들은 참나 지식을 얻는 수단들이 아닙니다. 그대가 그런 능력들을 얻었을 때에도 그대는 여전히 무지한 채로 있을 것입니다.

다른 한 가지 종류는 무엇입니까?

그것들은 그대가 참나를 깨달을 때, 그대에게 아주 자연스럽게 오는 힘과 지식입니다. 그것들은 참나를 자각하게 된 사람에게 오는 고행의 정상적이고 자연스런 산물입니다. 그것들은 저절로 오며, 신에게서 주어진 것입니다. 그것들은 이를테면 자신의 까르마에 따라 옵니다. 그러나 그것들이 오건 오지 않건, 실재 안에 자리 잡은 싯디, 즉 지고한 평화는 방해를 받지 않습니다. 그는 참나를 알고 있으며, 그것이 확고부동한 싯디임을 알기 때문입니다. 그러나 이런 능력들은 그것들을 얻기 위해 노력해서 오는 것이 아닙니다. 깨달음의 상태에 있을 때, 그대는 이런 능력들이 무엇인지를 알게 될 것입니다.

스승님께서는 해방된 사람은 그의 자연스런 수행으로 형체가 없어지고, 보이지 않게 되고, 어떤 형태라도 취할 수 있다고 말씀하셨습니다.

그렇습니다. 그는 그렇게 할 수 있는 능력이 충분히 있습니다. 그러나 그대는 이런 것들로 갸니를 판단할 수 없습니다. 왜냐하면 그것들은 본질적으로 평등한 눈을 갖는 것인 참된 지식의 징표들이 아니기 때문입니다.

＊＊＊

성자들은 인류를 구하기 위하여 존재합니다. 요즘은 사람들이 너무나 유물론적으로 변하여 물질적으로 보이지 않는 것은 믿지 않습니다. 그런 불신자들은 만약 어떤 기적들이 그들의 눈앞에서 펼쳐지면 쉽게 영적인 상태로 회심할 수 있습니다. 그리스도에 의하여 행해진 기적들은 기독교 신앙의 중추를 이루고 있습니다. 왜 현대의 성자들은 기적을 행하여 인류를 구원하지 않습니까?

과거의 성자들은 그러한 기적들을 행하는 동안 그들이 기적을 행한다는 것을 알고서 행했겠습니까?

＊＊＊

32.
갸니

❦

갸니는 한결같은 지혜에 있는 사람이다. 지혜가 한결같고 한결같지 않을 수 있는가? 그렇다. 자기 탐구를 실천하다 보면 자연스런 상태를 경험하고 영적 가슴의 고동을 알아차리게 된다. 그러나 경향성들로 인해 마음이 외부를 향하는 까닭에 그런 경험이 상실된다. 그것은 반복적인 수행으로 다시 얻어져야 한다. 비록 간헐적일지라도 그러한 거듭되는 경험으로 인하여 모든 습성들이 제거될 때, 마음은 언제나 영적 가슴 속에 머무른다. 이것이 바로 확고한 지혜 곧 갸나이다.

결과로서 일어나는 것에 관하여 많은 잘못된 생각들이 있다. 갸니에게 하나의 참나만이 모든 곳에 충만하여 있다면, 어떻게 그는 이원적인 세상에서 생각하고 행동하는가? 만약 그에게 생각이 없고 행위자 의식이 전혀 없다면, 도대체 그가 행위 할 수나 있겠는가? 라마나는 생각이 끊임없이 이어지지 않는다고 해서 아예 생각을 할 수 없는 것은 아니라고 분명히 설명한다. 왜냐하면 마음은 지금 알려진 의미에서는 죽지만 꾸사의 풀잎처럼 날카로워지고, 또한 통합되고 온전해지고 순수해지기 때문이다. 그리하여 마음은 현재에 전적인 관심을 기울이며 작용한다. 생각은 필요할 때마다 자동적으로 일어났다가, 목적이 다하면 즉시 가라앉으며 그런 경험들의 기억이라는 생각의 찌꺼기를 조금도 남기지 않는다. 그렇지 않다고 추측하는 것은 라마나 자신과 같은 갸니의 삶의 증거와, 까르마의 법칙에 따라 생명을 창조하고 유지하고 파괴하는 책임을 지고 있는 신을 부인하는 셈이 될 것이다.

또 다른 흔한 의심은 차이의 지각과 갸니의 평등한 시각을 어떻게 양립시킬 수 있는가 하는 점이다. 예를 들어, 차이들의 자각은 갸니의 지혜의 상태에 영향을 끼치지 않는다. 그들에게는 모든 것이 하나의 참나로 보이기 때문이다. 갸니에게 차이들은 단지 표면 위의 현상들에 불과한 반면, 모든 것의 바탕에는 단일성이 깔려 있다. 평등이란 차이의 부정이 아니라 하나로 통일되는 단일성의 자각을 의미한다.

갸니의 육체는 노쇠에서 오는 모든 쇠약함과 질병을 겪는다. 그러므로 이를 지켜보는 사람은 그도 역시 까르마의 지배를 받는다고 추측한다. 진리로부터 떨어져 있는 것은 아무것도 없다. 까르마는 그것을 경험하는 사람에게 존재한다. 갸니에게는 분리된 개별성이라는 느낌이 존재하지 않는다. 까르마로 괴로워하는 존재가 어디에 있겠는가? 라마나는 질문자가 그 자신을 몸으로 간주하기 때문에 갸니도 몸으로 간주하며 그에게 까르마를 덧씌운다고 말하곤 했다. 사실 갸니는 몸에 일어나는 일들의 관조자이다.

* * *

지반묵따는 어떤 사람입니까?

지반묵따는 상깔빠(타고난 경향성들)가 없는 사람입니다. 어떤 힘이 그로 하여금 일을 하게 합니다. 그러므로 그는 행위자가 아니라, 행위를 하도록 부려지는 존재입니다.

* * *

참나를 성취한 사람이 방금 묘사된 것처럼 돌아다니고 행동하고 말할 수 있습니까?

왜 못하겠습니까? 그대는 참나 깨달음이 돌처럼 되거나 아무것도 아닌 것이 된다는 뜻으로 말하는 것입니까?

저는 모르지만, 사람들은 모든 감각 활동과 모든 생각, 모든 생활 경험에서 철수하는 것이 가장 높은 상태라고 말합니다.

그렇다면 이 상태와 깊은 잠은 어떤 차이가 있습니까? 위대한 존재들인 묵따들과 싯다들은 대단히 활동적이었다고 전해지며 실제로 활동적이었습니다. 이 세상을 다스리며 그 활동들을 관장하고 있는 신인 이슈바라는 분명히 궁극적으로 무활동 상태에 있지 않습니다. 그렇지 않다면 그대가 신뿐만 아니라 묵따뿌루샤들도 가장 높은 상태에 이르지 못했다고 말해도 좋을 것입니다.

하지만 스승님께서는 늘 모우남(침묵)을 매우 강조하셨습니다.

그렇습니다. 저는 그래 왔습니다. 그러나 침묵이란 활동의 부정이나 활기 없이 움직이지 못하는 것을 의미하는 것이 아닙니다. 그것은 단순히 생각을 부정하는 것이 아니라 그대가 상상할 수 있는 것보다 훨씬 더 긍정적인 어떤 것입니다.

생각으로는 헤아릴 수 없는……?

그렇습니다. 그대가 떠도는 마음과 함께 떠돌고 있는 한, 그대는 침묵을 지킬 수 없습니다. 참나의 침묵은 늘 거기에 있습니다. 그대의 모든 행위, 사실은 모든 움직임을 지탱하고 있는 것은 바위처럼 변치 않는 지고한 평화입니다. 신과 묵따뿌루샤는 침묵 속에 뿌리를 내리고 있습니다.

***

스승님께서는 갸니가 활동적일 수 있고 활동적이며, 사람들과 사물들을 다

룬다고 말씀하셨습니다. 저는 이제 그 점에 대해 의심이 없습니다. 하지만 스승님께서는 동시에 말씀하시기를, 갸니에게는 차이들이 없다고 하셨습니다. 그에게는 모든 것이 하나이며, 그는 항상 의식 안에 있다고 말씀하셨습니다. 그렇다면 그는 어떻게 차이들을, 분명히 서로 다른 사람들과 사물들을 다룹니까?

그는 이러한 차이들을 단지 겉모습에 불과한 것으로 봅니다. 그는 그것들을 자신과 하나인 진리, 실재와 분리되어 있지 않은 것으로 봅니다.

갸니는 표현에 있어서 더 엄밀해 보입니다. 그는 보통 사람보다 차이들을 더 잘 식별합니다. 만약 저에게 설탕이 달고 쑥이 쓰다면, 그도 역시 그렇게 느끼는 것 같습니다. 사실 그는 모든 형상, 모든 소리, 모든 맛, 그 밖의 모든 것을 다른 사람들과 똑같이 느낍니다. 그렇다면 어떻게 이런 것들이 겉모습에 불과하다고 말할 수 있겠습니까? 그것들은 그의 생활 경험의 일부를 형성하지 않습니까?

나는 평등이 갸나의 진정한 표시라고 말했습니다. 평등이라는 바로 그 말은 차이의 존재를 암시하고 있습니다. 갸니가 모든 차이 속에서 지각하는 것은 단일성이며, 나는 그것을 평등이라고 부릅니다. 평등은 차이에 대한 무지를 뜻하지 않습니다. 그대가 깨닫게 되면, 그대는 이런 차이는 외형에 불과하며 전혀 본질적이거나 영원하지 않다는 것을, 그리고 이 모든 외형 속에서 본질적인 것은 하나의 진리, 실재임을 알 수 있습니다. 나는 그것을 단일성이라고 부릅니다. 그대는 소리, 맛, 형태, 냄새와 그 밖의 것에 대해 말했습니다. 그렇습니다. 갸니는 다른 점을 식별합니다. 그러나 그는 언제나 그 모든 것 안에 하나의 실재를 지각하고 경험합니다. 그에게는 어떠한 선호도 없는 것은 이 때문입니다. 그가 돌아다니건 얘기를 하건 행위를 하건, 그는 오직 하나의 실재 안에서 행위하고 움직이고 얘기합니다. 그에게는 그 어느 것도 하나의 지고한 진리로부터 떨어져 있지 않습니다.

* * *

스승님께서는 시인, 화가, 사무원과 엔지니어, 그 밖의 직업 사이에 차이가 없다고 말씀하시겠습니까?

차이는 마음속에 있을 뿐입니다. 각자의 이전 성향에 따라 차이들이 존재합니다. 똑같은 두 사람이 없는 까닭은 바사나들 때문입니다. 무지한 마음은 사물들의 이미지를 나타나는 대로 담아내는 예민한 감광판과 같습니다. 반면에 현자들의 마음은 깨끗한 거울과 같습니다.

여기에 스승님이 계십니까?

누가 스승입니까? 그대는 스승이 여기에 있다고 생각합니다.

그대는 스승의 몸을 보지만, 스승은 자신을 어떻게 여깁니까? 만약 그에게서 분리된 세계가 있다면, 그도 세계를 봅니다. 존재하는 것은 의식입니다. 의식과 존재는 다른 것이 아닙니다. 존재는 의식과 같습니다. 그대는 내가 몸과 이런저런 것들을 의식한다고 말합니다. 그러나 순수한 의식은 이 모든 것 너머에 있습니다. 무의식에서 순수 의식으로 이행한다는 문제는 존재하지 않습니다. 자기 의식과 무의식이라는 이 둘을 포기하면, 그대는 본래부터 자연스럽게 순수한 의식 안에 있음을 압니다.

* * *

가장은 가장의 의무를 다하기 위해 늘 분주히 일하고 있고, 이런 의무를 자연히 그로 하여금 더욱더 일하도록 몰아붙입니다. 그런데 그가 어떻게 은퇴하여 홀로 생활하는 데서 오는 지고한 평화를 얻기를 기대할 수 있겠습니까? 그가 과연 그렇게 분주히 일하면서도 더 많은 일을 하려는 충동으로부터 벗어날 수 있을까요?

모르는 사람들이 볼 때는 깨달은 가장이 가족을 부양하기 위해 분주히 일하는 것처럼 보일 것입니다. 비록 그가 겉으로는 가족에 대한 끝없는 의무를 다하기 위해 그렇게 일하는 것처럼 보여도, 사실 그는 어떠한 종류의 행위에도 관여하고 있지 않습니다. 그의 외부 행위는, 심지어 바쁘게 일하고 있을 때조차도, 은거에서 오는 완벽한 평화와 그리고 행위의 쉼 없는 촉구로부터 완전한 자유를 깨닫는데 전혀 방해가 되지 못합니다.

이 역설의 근거는, 갸니 혹은 깨달은 이는 다르마의 법들에 결코 좌우되지 않으나 법들은 유효성과 타당성을 그에게 의존한다는 것입니다. 그는 그 법들이 달성하고자 의도하는 목적을 실현했기 때문에 더 이상 그것들에 종속되지 않습니다. 그러나 그는 그 법에 맞추어 행동합니다. 그는 모든 다르마의 근원을 알기 때문입니다. 그의 행동이 다르마의 근원과 기둥을 이루는 것은 바로 이 때문입니다. 이 사실의 바탕이 되는 진실을 잘 알고 있기 때문에 그는 늘 초연하며, 자신의 행위의 관조자로 머물 뿐이며, 결코 활동에 정신이 팔리지 않습니다.

***

갸니가 행위를 하는 것은 쁘라랍다(무르익은 과거의 까르마) 때문이라고 말할 수 있을 것입니다. 하지만 그의 마음에 달라붙는 바사나들이 필연적으로 그로 하여금 그 이상의 행위에 관여하도록 몰아붙일 텐데, 그런 행위들이 잔존 효과를 남기지 않는다고 말할 수 있겠습니까?

이러한 바사나들로부터 자유로운 존재만이 갸니입니다. 그러므로 어떠한 종류의 집착도 없이 행해지는 그의 행위들이 어떻게 바사나를 만들 수 있겠습니까? 아무것도 만들어지지 않으므로 아무것도 그의 마음에 달라붙을 수 없습니다.

***

사람들은 갸니조차 쁘라랍다의 영향에서 자유롭지 않다고 말합니다.

다른 사람들이 볼 때는 그가 마치 까르마의 결과를 겪고 있으며, 그들과 같이 먹고 자고 육체의 질병을 앓는 것처럼 보입니다. 이러한 잔존 효과들은 엔진이 멈춘 뒤에도 그 탄력에 의해 돌아가는 회전 조절용 바퀴와 같습니다. 그러나 갸니는 이것에 의해 영향을 받지도 않으며 자신이 그로 인한 즐거움과 고통을 겪고 있다고 생각하지도 않습니다. 그는 행위자라는 생각이 없기 때문입니다.

그러나 우리는 심지어 갸니에게까지 나아가는 까르마의 화살을 봅니다.

그렇다면 그대가 보는 견지에서는 쁘라랍다가 있습니다. 그러나 그것이나 그것의 효과를 아는 자를 제외하고는 그것이 무슨 의미를 가지고 있습니까? 그대가 보는 그 육체는 갸니가 아닙니다. 그것은 그의 이전의 육체이거나 혹은 벗어버린 허물과 같습니다. 뱀의 허물은 이리저리 바람에 흩날릴 수 있습니다. 그러나 뱀 그 자신은 자유롭고, 행복하며, 영향을 받지 않습니다.

***

깨달음을 얻은 사람의 정확한 태도는 무엇입니까? 그는 자신이 깨달았으며 완전한 갸니라는 것을 의식합니까? 또한 무지의 굴레에서 풀려났다는 것을, 자신이 신이나 참나 혹은 보는 자, 보이는 것, 보는 행위의 세 가지 모두라는 것을, 자신이 실재하는 유일한 것이며 이 모든 현상들은 실재하지 않는다는 것을 의식합니까?

이것들은 모두 지적인 개념들입니다. 개념은 깨달음이 아닙니다. 그대는 지성을 버리고 떠나야 하며, 참나의 직관적 통찰 안에서 확고해야 합니다. 일단 완전한 깨달음을 얻으면, 이러한 개념들 중 어느 것도 필요하지 않으며 심지어 확고함을 확실히 하기 위한 도움으로서도 필요하지 않습니다. 사람은 "나는 사람이다. 나는 자유롭다. 나는 의식한다."라는 등의 말을 계속해서 중얼거리지 않습니다. 깨달음은 충만한 의식이며, 이와 같은 생각들에 의해 뒤얽히지 않습니다.

＊＊＊

스와미지, 저는 스승님 곁을 떠나 멀리 가야 합니다. 제가 언제 다시 돌아올 수 있을지 모르겠습니다. 아쉬람에 머물고 있는 헌신자들은 스승님과 함께하는 희열을 매 순간 누리고 있습니다. 저도 역시 그렇게 받아 주십시오.

만약 어떤 특별한 사람이 보호를 받아야 한다고 생각한다면, 그는 갸니가 아닙니다. 여기에 머무는 헌신자들에게는 특별한 은총이 베풀어진다고 모두들 생각합니다. 만약 그런 선호가 있다면, 어떻게 그가 갸니이겠습니까? 개구리는 연꽃 가까이 머뭅니다. 그러나 연꽃에서 꿀을 빨아먹는 것은 벌들뿐입니다. 그들이 얼마나 먼 곳에서 오건 간에.

* * *

만약 살아 있는 동안 해방된 여자가 몸을 벗는다면, 어떻게 장례를 치러야 할까요? 화장을 해야 할까요, 아니면 매장을 해야 할까요?

해방과 참나 지식에서는 남녀의 차이가 없습니다. 살아 있는 동안에 해방된 여자의 육체는 화장하지 말아야 합니다. 그 몸은 신의 성전이기 때문입니다.

* * *

용어 풀이

❦

가네샤^{Ganesa} 모든 장애물을 없애는 신. 코끼리 모양을 하고 있음.

갠지스^{Ganges} 인도의 성스러운 강. 인도인들은 강가라고 부름.

갸나^{jnana} 참나에 대한 지식.

갸나싯다^{jnanasiddha} 참나에 대한 지식을 얻은 사람.

갸네쉬바라^{Jnaneshwar} 마하라슈뜨라 주가 낳은 위대한 성자.

갸니^{jnani} 참나를 깨달은 사람.

구루^{guru} 무지를 없애는 사람. 스승 혹은 마스터.

그리하스따 아쉬라마^{grihasta asrama} 힌두인의 삶의 네 단계 중 하나. 가정생활의 시기.

깊은 잠^{deep sleep} 의식의 상태들 중 하나.

깨어 있는 상태^{waking state} 의식의 상태들 중 하나.

꿈의 상태^{dream state} 의식의 상태들 중 하나.

넬로어^{Nellore} 안드라 주에 있는 지명.

다르마^{dharma} 가르침 혹은 종교. 모범적 생활을 위한 규범.

닷따뜨레야^{Dattatreya} 인도의 성자. 쉬바 신의 화신이기도 함.

디야나^{dhyana} 명상.

라마나 기따^{Ramana Gita} 1913년에서 1917년 사이에 있었던 구도자들과 라마나 사이의 대화를 가나빠띠 무니가 기록한 경전.

라마나스라맘^{Ramanasramam} 1922년 12월부터 1950년 4월까지 라마나가 살았던 곳. 지금은 아쉬람으로 변모하였음. 띠루반나말라이에 있음.

라자 요가^{Raja yoga} 빠딴잘리에 의해 체계화된 요가 체계.

마두라이^{Madurai} 따밀나두 주에 있는 도시 이름. 유명한 미낙쉬 사원이 있음.

마야^{maya} 환영.

마하 비슈누^{Maha Vishnu} 위대한 비슈누.

마하리쉬^{Maharshi} 위대한 현자. 이 책에서는 바가반 슈리 라마나 마하리쉬를 가리킴.

모우남^{mounam} 침묵.

목샤^{moksas} 해방.

묵따^{mukta} 해방을 얻은 사람.

바가바드 기따^{Bhagavad Gita} 화신 슈리 크리슈나와 아르주나 간의 대화를 기록한 경전.

바가반^{Bhagavan} 신과 함께 있는 사람. 이 책에서는 슈리 라마나 마하리쉬를 가리킴.

바나쁘라스따 아쉬라마^{vanaprastha asrama} 힌두인의 삶의 네 단계 중 하나. 숲 속으로 물러나는 시기.

바라루찌^{Vararuchi} 유명한 문법학자.

바사나^{vasana} 마음의 경향성.

바시슈따^{Vasishta} 유명한 성자. 제자 라마와의 대화를 적은 책이 《바시슈따 요가》임.

바이꾼따^{Vaikunta} 비슈누 신이 거처하는 곳.

박따 비자얌^{Bhakta Vijayam} 신의 헌신자들의 삶을 다룬 책.

박따^{bhakta} 헌신자.

박띠^{bhakti} 헌신.

방갈로르^{Bangalore} 까르나따까 주의 주도.

베나레스^{Benaras} 인도 북부에 있는 힌두교 성지. 지금은 까시라고 불림. 유명한 바라나시 강이 있음.

베다^{Veda} 힌두교에서 최고로 권위 있는 경전. 네 베다가 있음.

베산트 여사^{Besant, Mrs.} 신지론자이자 신비가.

베자와다^{Bezawada} 안드라 주에 있는 지명 이름. 지금은 비자야와다로 불림.

브람마 로까^{Brahmaloka} 브람마가 머무는 천상의 곳.

브람마짜리야 아쉬라마^{brahmacharya asrama} 힌두인의 삶의 네 단계 중 첫 단계.

금욕의 단계라고도 함.

브람만^{Brahman} 힌두교의 비인격으로 있는 절대자.

브릿띠^{vritti} 마음의 변화.

비베까 쭈다마니^{Viveka choodamani} 아디 샹까라짜리야가 쓴 아드바이따 경전.

비베까난다^{Vivekananda} 바가반 슈리 라마크리슈나의 수제자.

비슈누^{Vishnu} 하리라고도 함. 힌두교의 주요한 세 신들 중 하나.

비슈와미뜨라^{Viswamitra} 유명한 성자.

비짜라^{vichara} 탐구.

비짜라상그라함^{Vicharasangraham} 니세날라다사가 쓴 베단따 경전.

비또바^{Vitoba} 마하라슈뜨라 주의 성자 갸네쉬바라의 아버지. 또한 크리슈나를 비또바라고도 함.

사다나^{sadhana} 영적 수행.

사다까^{sadhaka} 영적 구도자.

사마디^{samadhi} 참나 거주.

삿뜨바구나^{sattvaguna} 세 구나들 중 순수함을 지칭하는 구나.

사하자^{sahaja} 자연스러운.

산야사^{sannyasa} 포기.

산야사 아쉬라마^{sannyasa asrama} 힌두인의 삶의 네 단계 중 마지막 단계. 참나를 찾아 세상을 떠남.

삼스까라^{samskara} 과거에서 온 선천적인 경향성.

삿 다르사나 바슈야^{Sat-Darsana Bhasya} 《삿-다르사나》에 대한 까빨리 샤스뜨리의 주석서.

삿 상감^{sat-sangam} 깨우친 성자들과의 교제, 삿상이라고도 함.

삿^{Sat} 존재.

삿-찟-아난다^{sat-cit-ananda} 존재, 의식, 희열.

샤스뜨라^{sastra} 경전, 교본.

소함^{Soham} "나는 신이다."라는 확언.

쉬바^{Siva} 힌두의 주요한 세 신들 가운데 하나.

쉬바구루^{Sivaguru} 쉬바의 아들인 수브라만야.

쉬보함^{Sivoham} "나는 쉬바이다."라는 확언.

슈리 라마^{Sri Rama} 비슈누의 화신들 중 하나.

슈리 샹까라^{Sri Sankara} 아드바이따 베단따의 철학을 설파한 8세기 철학자. 아디 샹까라 혹은 샹까라 바가바드빠다라고도 불림.

슈리 오로빈도^{Sri Aurobindo} 20세기의 유명한 인도의 요기이자 신비가.

슈리 크리슈나^{Sri Krishna} 비슈누의 화신들 중 하나.

스와루빠^{swaroopa} 실재의 형상 혹은 실재의 본성.

스와르가^{swarga} 천상.

스와쁘나^{swapna} 꿈.

싯다^{siddha} 초자연적인 힘을 가진 사람 혹은 완성을 이룬 사람.

싯디^{siddhi} 초자연적인 힘.

아갸니^{ajnani} 참나를 깨닫지 못한 사람.

아드바이따^{advaita} 비이원의 베단따 철학.

아디야르^{Adyar} 쩬나이 교외의 지명. 신지학회 본부가 있음.

아루나짤라 사원^{Arunachala temple} 띠루반나말라이에 있는 쉬바 사원.

아루나짤라^{Arunachala} 쉬바 신의 화신으로 간주되는 거룩한 산. 띠루반나말라이에 있음.

아루다^{aroodha} 뿌리 내린.

아룰^{arul} 은총.

아베삼^{avesam} 육체의 의식을 잃음.

아비디야^{avidya} 무지.

아뜨마누부띠^{atmanubhuti} 참나가 주는 희열의 경험.

아뜨마니슈따^{atmanishta} 참나 안에 머물고 있는 사람.

아뜨마비짜라^{atmavichara} 자기 탐구.

아뜨만^{atman} 참나.

아함브릿띠^{ahamvritti} '나 생각.'

아함스뿌르띠^{ahamsphoorti} '나–나'로 표현되는 의식의 충만감을 끊임없이 느낌.

아함까라^{ahamkara} 자아.

안마 빗다이^{Anma Viddai} 참나 지식.

옴^{Om} 단음절 만뜨라.

우빠니샤드^{Upanisad} 베다의 결론 부분. 힌두교에서 최고로 권위를 지닌 경전. 여기에서 베단따 철학이 나옴.

우빠사나^{upasana} 수행 중에 경험하는 자연스러운 상태.

이슈바라^{Iswara} 힌두교의 신 이름.

이슈바라쁘라사담^{Iswaraprasadam} 이슈바라의 은총.

자그라뜨^{jagrat} 깨어 있는 상태.

자다^{jada} 물질.

자얀띠^{jayanti} 성자나 신의 탄신일을 축하하는 것.

자빠^{japa} 성스러운 음절의 암송.

지반묵따^{Jivanmukta} 살아 있는 동안에 해방을 얻은 사람.

참나의 노래^{Song of the Self} 따밀어로 된 라마나의 작품 《안마 빗다이》.

찟^{Cit} 의식.

까르마^{karma} 행위. 행위의 결과 혹은 운명.

까이발얌^{Kaivalyam} 따밀어 아드바이따 경전 《까이발야 나바니땀》.

꾸달로르^{Cuddalore} 따밀나두 주에 있는 지명.

꿈바까^{Kumbhaka} 호흡을 멈춤.

꿈바꼬남^{Kumbakonam} 따밀나두 주의 딴조레 지역에 있는 지명.

따유마나바르^{Tayumanavar} 따밀 신비가. 따밀어로 된 많은 작품을 씀.

따빠스^{tapas} 명상. 고행. 종교적 금욕.

뗄루구^{Telugu} 안드라 주에서 사용되는 드라비다 언어들 중 하나.

뚜리야^{turiya} 의식의 네 번째 상태.

띠루반나말라이^{Tiruvannamalai} 라마나스라맘, 아루나짤라 산 그리고 안나말라이 사원이 있는 따밀나두 주에 있는 지명.

빠딴잘리 수뜨라^{Patanjali sutras} 성자 빠딴잘리가 엮은 요가 경전.

뻬리아뿌라남^{Periapuranam} 63명의 쉬바파 성자들의 삶을 그린 따밀어 경전. 세까라르가 엮음.

쁘라나야마^{pranayama} 호흡 조절의 과학.

쁘라나^{Prana} 육체를 살아 있게 하는 생명 에너지.

쁘라스따나뜨라야^{Prasthanatraya} 힌두교의 주요한 세 경전. 즉 다소빠니사드, 브람마 수뜨라와 바가바드 기따 지칭함.

하리^{Hari} 힌두교의 삼위일체의 신들 중 하나. 비슈누.

참고 문헌

1. 책

At the Feet of Bhagavan — T. K. Sundaresa Iyer. Tiruvannamalai, Sri Ramanasramam, 1980.

Bhagavan Ramana and Mother — A. R. Natarajan, Bangalore, Ramana Maharshi Center for Learning, 1982.

The Collected Works of Ramana Maharshi — Arthur Osborne (Ed.), Tiruvannamalai, Sri Ramanasramam, 1979.

Conscious Immortality — Paul Brunton, Tiruvannamalai, Sri Ramanasramam, 1984.

Crumbs from His Table — Ramanananda Swarnagiri, Tiruvannamalai, Sri Ramanasramam, 1981.

Day by Day with Bhagavan — A Devaraja Mudaliar, Tiruvannamalai, Sri Ramanasramam, 1989.

The Guiding Presence of Sri Ramana — K. K. Nambiar, Tiruvannamalai, Sri Ramanasramam, 1984.

Guru Ramana, Memories and Notes — S. S. Cohen, Tiruvannamalai, Sri Ramanasramam, 1980.

Interview of B.V. Narasimhaswami, Tiruvannamalai, Sri Ramana Centenary Library.

The Maharshi—T. V. Kapali Sastri, Sirsi, S. P. Pandit, 1955.

Maharshi's Gospel (Book I & II), Tiruvannamalai, Sri Ramanasramam,, 1979.

Ramana Gita—A. R. Natarajan (Tr. & Comm.), Bangalore, Ramana Maharshi Center for learning, 1986.

A Sadhu's Reminiscences of Ramana Maharshi—Sadhu Arunachala (A. W. Chadwick), Tiruvannamalai, Sri Ramanasramam, 1976.

Sat Darsanam (Forty Verses on Reality)—A. R. Natarajan (Tr. and Comm..), Bangalore, Ramana Maharshi Center for Learning, 1976.

Sat Darsana Bhasya and Talks with Maharshi—K, Tiruvannamalai, Sri Ramanasramam, 1975.

Self—Realization, The Life and Teachings of Sri Ramana Maharshi — B. V. Narasimha Swami, Tiruvannamalai, Sri Ramanasramam, 1985.

Sri Ramana Reminiscences—G. V. Subbramayya, Tiruvannamalai, Sri Ramanasramam, 1967.

Talks with Sri Ramana Maharshi—Tiruvannamalai, Sri Ramanasramam, 1984.

Unforgettable Years—A.R. Natarajan (Tr. & Ed.), Bangalore, Ramana Maharshi Center of Learning, 1990.

Upadesa Saram (Essence of Teaching)—A. R. Natarajan (Tr. & Comm..), Bangalore, Ramana Maharshi Centre for Learning, 1984.

2. 잡지

Call Divine (1958) pg. 238, 239, 284-285.

Mountain Path, V.3, (1966); V.7, (1970); V.17, (1980); V.18, (1981); V.19, (1982); V.20, (1983); V.25, (1988); V.26, (1989); Tiruvannamalai, Sri Ramanasramam, Ed., V. Ganesan.

Ramana Smrti Souvenir, A Birth Centenary Offering, Tiruvannamalai, Sri Ramanasramam, 1980.

The Ramana Way, V.9(No.1-12), 1989-1990; V.10(No. 1-12), 1990-1991; Vol.11(No.1-12), 1991-1992; Bangalore, Ramana Maharshi Center for Learning, Ed. Dr. Sarada.

그대 자신을 아십시오

지은이 A.R. 나따라잔 해설 및 편집
옮긴이 김병채

개정판 1쇄 발행일 2018년 5월 25일

펴낸이 황정선
출판등록 2003년 7월 7일 제62호
펴낸곳 슈리 크리슈나다스 아쉬람
주소 경상남도 창원시 북면 신리길 35번길 12-9
대표전화 (055) 299-1399
팩시밀리 (055) 299-1373
홈페이지 www.krishnadass.com
전자우편 krishnadass@hanmail.net

ISBN 978-89-91596-58-0 (03270)
Printed in Korea

* 잘못 만들어진 책은 바꾸어 드립니다.